당신의 영혼에게 물어라

당신의 영혼에게 물어라

행복을 위한 아포리즘

강준만 지음

인물과
사상사

머리
말

인간에 대한 탐구

"인간이란 참으로 이해하기 어려운 존재이다. 인간은 자기 자신을 알까? 인간은 자기 자신에 대해 명쾌하게 설명할 수 있을까?"[1]

　나폴레옹 보나파르트가 유배지이자 사망 장소인 세인트헬레나섬에서 한 말입니다. 세계 정복을 꿈꾸었다가 실패한 사람의 말이니 보통 사람에겐 해당되지 않는 말일까요? 그렇진 않은 것 같습니다. 수많은 사람이 '도무지 알 수 없는 인간'이라며 인간의 정체에 대해 많은 말을 남긴 걸 보더라도, 인간은 인간에게 영원한 수수께끼 같은 존재인가 봅니다.

인문사회과학이란 사실상 인간에 관한 연구라고 해도 과언이 아닙니다. 프랑스 사회학자 피에르 부르디외는 '인류학'과 '사회학'을 포괄하기 위해 '인간학'이라는 용어를 썼지만,[2] 어찌 인류학과 사회학만 인간학이겠습니까? 다른 동물들과는 달리 사회를 이루어 고도의 문명을 만들어낸 인간은 그 문명의 복잡성까지 내면화했기에 더더욱 알기 어려운 존재로 진화했지요. 따라서 문명을 다루는 모든 학문이 곧 인간학의 성격을 갖게 되었다고 봐야 하지 않을까요?

보통 사람들은 수학이 어렵다고 합니다만, 수학보다 훨씬 더 어려운 건 인간에 대한 이해지요. 헝가리 출신의 미국 수학자 존 폰 노이만은 "수학이 단순하다는 걸 믿지 않는 사람들은 인간의 삶이 얼마나 복잡한지를 깨닫지 못하기 때문이다"고 했지요. 세계적인 물리학자 알베르트 아인슈타인은 "정치는 물리학보다 훨씬 더 복잡하다"고 했지요.[3]

인간과 인간 세계가 수학이나 물리학보다 훨씬 더 어렵고 복잡하긴 하지만, 그렇게 생각하는 사람은 많지 않은 것 같습니다. 우리 모두는 각자 자신의 경험에 근거해 인간에 대해 말할 수 있는, 나름의 인간 전문가가 아닌가요? 그렇긴 하지만 다른 사람들의 경험과 안목을 참고해 인간에 대한 우리의 이해의 폭을 넓히고 깊이를 더해보려는 시도를 거부할 필요는 없을 것 같습니다.

그런 시도를 위해 본격적인 공부에 임할 필요는 없습니다. 때로는 단 한 줄의 문장이 우리를 생각하게 만들고, 그 생각이 인간에 대한 독학의 길을 열어주기도 합니다. 폴란드 출신의 영국 인류학자 브로니슬라브 말리노프스키는 인간의 모든 이야기를 요약해 "인간은 나서, 사랑하다 죽는다"고 했습니다.[4] 더 보탤 게 있나요? 저는 이런 짧은 명언 하나로 인간에 대한 공부를 부담 없이 즐겁게 해보자는 취지로 이 책을 쓰게 되었습니다.

독일 철학자 발터 베냐민은 누구 못지않게 독창적인 사람이었지만, 명언 인용을 끔찍이 사랑했지요. 그는 인용구 수집에 열중하면서 소중한 공책에 기록해놓은 인용구를 남들에게 보여주거나 큰소리로 읽어주었는데, 그런 인용구로만 이루어진 비평문을 쓰는 게 그의 꿈이었다고 합니다.[5]

베냐민에게서 많은 영감을 얻은 미국 비평가 수전 손태그는 베냐민이 못 다 이룬 꿈을 '자기 식'대로 되받아 수행한다는 의미로 자신의 책 『사진에 관하여』(1977)에 '명언 모음'을 부록으로 실어 베냐민에게 헌정했지요. 이와 관련, 이 책의 번역자인 이재원의 해설이 재미있네요. "만약 손태그가 '베냐민 식'대로 책을 냈다면 우리는 오늘날의 손태그를 만나지 못했을지도 모른다. '인용구로만 이뤄진 비평문'의 맛을 아주 살짝만 보여줬는데도 비평가들이 저렇게 길길이 날뛴 것을 보니 말이다(그리고 어떤 점에서는 손태그 번역자들에게도 다행이리라)."[6]

저 역시 일종의 '독서 노트'로 늘 명언을 수집하는 취미를 갖고 있는 이 분야의 마니아로서, 영 남의 일 같지가 않습니다. '명언 모음'을 하는 이유는 각자 다르겠지만, 이게 환영받지 못할 일이라는 점에서 말입니다. 그러나 그러면 어떤가요? 저는 간결簡潔을 사랑합니다. 명언의 가장 큰 매력은 간결이지요. 삶의 수많은 풍경을 지나면서 순간 떠오르는 문장 하나로 모든 게 이해가 되고 위로가 되기도 합니다. 특히 '알 수 없는 인간, 그 신비의 세계'를 탐구하는 게 이만저만 재미있는 게 아닙니다. 극소수일망정 저와 비슷한 취향을 가진 독자들을 만나는 것만으로 족합니다.

사람을 많이 만나거나 겪는다고 해서 인간이라는 수수께끼에 대해 해박해지는 건 아닐 겁니다. 오히려 사람에 치인 나머지 자신만의 경험에 매몰될 가능성이 있으니까요. 우리 주변에 인간관계로 인해 상처받은 사람이 좀 많은가요. 오죽하면 사람과의 관계 맺기를 불편해하고 싫증을 내는 '관태기(관계+권태기)' 현상이 일반화되고 있다는 분석까지 나올까요. 인간이 사회생활을 한 이래로 수많은 현인이 인간의 이모저모에 대해 많은 명언을 남겼습니다. 그 명언들을 음미해보면서 시공을 초월한 '인간 여행'에 나서보는 건 어떨지요. 부디 즐겁고 유익한 여행이 되길 빌겠습니다.

2020년 2월

강준만

차
례

01

아첨은 쉽지만 칭찬은 어렵다

칭찬을 자기계발의 주요 소재로 삼아 큰 성공을 거둔 이는 미국의 경영 컨설턴트인 켄 블랜차드입니다. 그가 2003년에 출간한 『칭찬은 고래도 춤추게 한다』는 세계적인 베스트셀러가 되었고, 한국에서도 무려 120만 부나 팔려나갔지요. 이런 성공에 힘입어 그는 『칭찬은 아기 고래도 춤추게 한다』는 후속작까지 냈습니다.[7]

그런데 정말 칭찬은 고래도 춤추게 하는 걸까요? 고래를 춤추게 한 건 칭찬이 아니라 가혹한 훈련이었다는 사실이 7년 후에 밝혀집니다. 블랜차드가 감동을 받은 미국 플로리다의 올랜도에 있는 '시월드'의 범고래 공연장에서 2010년 조련사가 범고래의 공격으로 사망하는 사고가 일어났지요. 이 사건에 자극을 받은 다큐멘터리 영화제작자 가브리엘라 코퍼스웨이트는 범고래 훈련의 가혹성을 폭로한 〈블랙피쉬〉라는 영화를 제작해 2013년에 개봉합니다. 이후 '범고래쇼'에 대한 비난이 빗발치면서 시월드의 주가는 폭락했고, 공연을 하는 모든 고래를 바다로 돌려보내자는 운동이 전 세계적으로 벌어졌지요.[8]

"칭찬은 고래도 춤추게 한다"는 주장은 난센스임이 밝혀졌지만, 그렇다고 칭찬의 가치가 부정당한 건 아닙니다. 칭찬에 인색할 필요도 없겠지요. 어떻게 칭찬하느냐가 중요하지요. 독일 작가 장 폴 프리드리히 리히터는 "아첨은 쉽지만 칭찬은 어렵다"고 했습니다. 그렇습니다. 아첨은 입으로 하는 것이지만, 칭찬은 머리로 하는 것이기 때문에 그렇지요.

나폴레옹 보나파르트는 칭찬의 말을 싫어했다고 합니다. 그러나 어느 날 부하에게서 "각하, 저는 각하께서 칭찬받기를 싫어하시는 그 점을 너무 좋아합니다"라는 말을 듣자 매우 흐뭇해하면서 감동했다고 합니다.[9] 사실상의 아첨일망정 머리를 쓴 고난도의 칭찬을 했다고 봐야 하지 않을까요?

수많은 유명인이 칭찬에 대해 멋진 말들을 남겼습니다만, 양과 질에서 모두 압도적인 명언을 남긴 이는 17세기 프랑스 작가로 풍자와 역설의 잠언으로 유명한 프랑수아 드 라로슈푸코가 아닌가 합니다. 그의 명언들은 칭찬이 어려운 이유를 잘 시사해줍니다. 두 개만 음미해볼까요?

"우리가 상대를 칭찬하는 것은 상대에게 칭찬을 되돌려 받고 싶은 욕심 때문이다." "우리가 다른 사람의 좋은 점을 지나치게 칭찬하는 것은 그 장점을 귀중하게 생각하기 때문이 아니라 그런 장점을 찾아낸 자신의 감각을 높게 평가하고 싶은 욕심 때문이다."[10]

일말의 진실은 있을망정 둘 다 독한 말입니다. 행여 그런 오해를 받을까봐 칭찬하는 것도 조심해야겠네요. 하지만 구더기 무섭다고 장 못 담그나요? 서로 칭찬을 주고받는 것도 좋은 일인데다 칭찬을 통해 자기만족을 하는 게 나쁘다고 할 순 없지 않은가요? 칭찬 한마디가 한 사람의 일생을 바꿔놓을 수도 있다면, 오히려 칭찬에 공을 들여야 하지 않겠습니까? 이런 유명한 에피소드가 있지요.

1852년 가을, 러시아 소설가 이반 투르게네프는 집에서 별 생각 없이 『현대인』이란 잡지를 집어 들었다가 이 잡지에 실린 어느 무명작가의 「어린 시절」이란 단편 소설에 푹 빠져 들었습니다. 투르게네프는 이 무명작가에게 칭찬의 말로 격려를 해주고 싶어 그의 주소를 알아보던 중 그의 고모를 찾아내 찬사를 대신 전했습니다. 고모는 조카에게 다음과 같은 편지를 썼다고 합니다.

"너의 첫 번째 소설에 대한 반응이 좋은 것 같아. 글쎄 『사냥꾼의 수기』를 쓴 유명한 작가 투르게네프 씨가 가는 곳마다 너를 칭찬하신다는구나. 그는 나에게 '이 청년이 계속 글을 쓴다면 전도가 유망할 것입니다'라고 말씀하셨단다."[11] 당시 자포자기 상태에 놓여 있던 이 무명작가는 투르게네프의 칭찬에 고무되어 다시 글을 써보고 싶다는 새로운 열정을 갖게 되었고, 결국 세계적인 대문호가 되었습니다. 그는 바로 러시아 작가 레프 톨스토이입니다.

우리 주변에도 "어렸을 때 선생님의 칭찬에 자극을

받아 공부를 열심히 하게 되었다"고 말하는 이들이 적지 않은 걸로 보아 칭찬의 힘이 위대할 수도 있다는 건 부인할 수 없는 사실이지요. 진정성 있는 칭찬을 하기 위해선 무엇보다도 상대방에 대해 진지한 관심을 가져야 합니다. 이것만으로도 족하지 않은가요?

02

아부는 민주주의의
엔진이 되었다

"아부의 친구는 자기만족이고 그 시녀는 자기기만이다." 이탈리아 사상가 니콜로 마키아벨리가 『군주론』(1513)에서 한 말입니다. 그는 그 이유를 이렇게 설명합니다. "아부를 아무 생각 없이 받아들인다면 군주는 아부의 먹이가 되고 만다. 궁정에 아부꾼이 가득하다면 매우 위험한 사태가 초래될 수 있다. 사람이란 자신의 일에 몰입해서 만족하게 되면, 그것에 미혹되어 해충 같은 아부에서 벗어나기 어렵기 때문이다."[12]

그러나 미국 저널리스트 리처드 스텐걸은 『아부의

기술』(2000)에서 "마키아벨리 자신은 전략적 아부를 능수능란하게 구사했다"고 비꼽니다. 마키아벨리는 자신의 『군주론』을 헌정했던 당대 권력자 로렌조 디 피에로 데 메디치에게 "최고의 인물이라고 말하지 않고(보통 아부꾼도 그 정도의 발언은 할 줄 안다), '시대가 위인을 찾고 있는데, 오직 로렌조만이 시대의 공백을 채울 수 있을 뿐'이라고 아부했다"는 것입니다.[13]

그렇습니다. 아부를 하더라도 이렇게 전략적으로 해야 합니다. 마키아벨리 이후 많은 사람이 전략적인 아부의 기술을 역설했지요. 미국 경영학자 제프리 페퍼는 『권력의 기술』(2010)에서 아예 '아부 예찬론'까지 폅니다. 그는 "사람들은 아첨의 효과를 과소평가하고, 부정적으로 생각하여 이를 제대로 활용하지 못하는 경향이 있다"며 다음과 같이 주장합니다.

"사람들은 대부분 본인에게 아첨하는 사람을 좋아하게 되고, 아첨을 받으면 자신과 자신이 한 일에 대해 기분이 좋아진다. 좋은 기분이 들면 자신의 영향력도 아울러 강화되기 때문에 아첨의 효과는 가볍게 볼 일이 아니다. 또한 아첨은 호혜성을 바탕으로 이루어지기 때문에 효과가 있다. 아첨도 칭찬과 마찬가지로 일종의 선물이다. 누군가를 칭찬해주면 당사자는 식사라도 대접해야 할 것 같은 부담감을 갖게 되듯 아첨도 그런 기분을 갖게 한다."[14]

그럼에도 아부에 대해 좋게 말하는 사람은 없습니다. 아니 아부를 맹렬하게 비난하는 사람이 많지요. 그런데 흥미로운 건 아부를 하는 사람과 받는 사람의 권력 관계는 좀처럼 화제의 대상이 되지 않는다는 점입니다. 강자는 아부를 할 필요가 없습니다. 아부는 주로 약자의 것입니다. 약자일지라도 든든한 '빽'을 갖고 있는 사람은 아부를 할 필요가 없습니다. 아부는 그런 '빽'이 없는 약자가 하지요.

아부의 기교는 매우 다양합니다. 겉으론 전혀 아부처럼 보이지 않는 '고난도 아부'는 아부라기보다는 슬기로운 처세술에 가깝습니다. 그런 처세술은 능력입니다. 신분과 '빽'의 한계를 넘어서 자신의 힘으로 한 걸음 더 나아갈 수 있는 능력입니다. 이를 간결하게 표현하자면, "아부는 민주주의의 엔진이 되었다"는 말이 가능해집니다. 이 말을 한 리처드 스텐걸은 그 이유를 다음과 같이 설명합니다.

"아부는 사람들이 출신이 아닌 자신의 특장점을 가지고 보다 높은 신분으로 상승하는 데 보탬이 되어주었기 때문이다. 이전에 닫혀 있던 문들을 여는 데 아부가 큰 도움을 주었다. 이제 사람들은 어느 자리든 차지할 수 있게 되었다. 민주주의에서는 모든 사람이 왕이고 모두가 신하이기 때문이다." 스텐걸은 이렇듯 민주주의를 내세워 "아부하고 싶은 욕망은 나쁘지 않다"며 "그래 봐야 얼마나 나쁘겠는가?"라고 묻습니다.[15]

아부는 칭찬받을 일은 아닐망정 그렇게 욕먹을 일도 아니라는 이야기입니다. 다만 문제는 공적 영역에서 벌어지는 아부겠지요. 막중한 권한과 더불어 책임을 갖고 있는 지도자가 문제입니다. 지도자는 '아부의 바다'에서 헤엄치는 사람이라고 해도 과언이 아닙니다. 그에게 권력이 집중되어 있기 때문입니다. 마키아벨리도 지적했듯이, 이게 늘 우리의 고민이지요.

가장 고약한 건 그럴듯한 명분을 내세워 자신의 잇속을 위해 아부를 하는 사람이 너무 많다는 사실입니다. 이들은 아부의 일환으로 반대편에겐 하이에나처럼 사납게 굴지요. 한국의 역대 정권들이 한결같이 말로가 좋지 않았던 건 그런 아부꾼이 많았기 때문이 아닐까요? 적어도 공적 영역에서만큼은 아부가 '민주주의의 엔진'이라는 말을 거부하고 싶네요.

03

자존심만큼 위대한 아첨쟁이가 있을까?

"자존심은 악마의 정원에 피는 꽃이다."[16] 영국의 격언입니다. "자존심은 모든 미덕의 주춧돌이다." 영국의 수학자이자 과학자인 존 허셸의 말입니다. 어떻게 '악마의 정원에 피는 꽃'이 '모든 미덕의 주춧돌'이 될 수 있을까요? 이게 바로 번역의 문제입니다. 첫 명언의 자존심은 pride인 반면, 두 번째 명언의 자존심은 self-respect입니다. 둘 다 우리말로는 자존심으로 번역하지요. pride는 self-respect에 비해 남들 앞에서 자신을 내세운다는 의미가 있어 '자만심'으로 번역하기도 하지만, 자존심으로 번역하는 경우도 많아 문장의 문맥상으로 그 의미를 판단하는 수밖엔 없지요.

자존심이 때론 '악마의 정원에 피는 꽃'일망정, 자존심 없인 살 수 없는 게 바로 우리 인간입니다. 미국 정신분석학자 토머스 사스는 "육체에 산소가 필요하듯이 정신엔 자존심이 필요하다. 산소를 차단하면 육체가 죽듯이, 자존심을 박탈하면 정신이 죽는다"고 했지요. 자존심은 음식과 비슷합니다. 우리는 음식 없인 살 수 없지만, 문제는 과식過食입니다.

자존심이 강하신가요? 그 자존심이 자신에게 하는 아첨을 들어본 적이 없나요? 나의 능력이 모자라서 패배했거나 실패한 일일지라도 자존심은 한사코 그걸 인정하지 않으려는 핑계를 찾아내서 나를 위로해주지요. 프랑수아 드 라로슈푸코는 그런 위로를 단 한 문장으로 멋지게 표현했습니다. "자존심만큼 위대한 아첨쟁이가 있을까?"[17] 미국 시인 헨리 워즈워스 롱펠로도 비슷한 말을 남겼지요. "자존심이 있는 사람은 다른 사람들로부터 안전하다. 그 어떤 것도 뚫을 수 없는 갑옷을 입고 있는 셈이기 때문이다."

"자존심이 강한 사람은 어디에서나 고개를 똑바로

들고 몸을 곧추세워, 다른 사람들보다 자신이 우월하다는 점을 나타낸다." 영국의 생물학자이자 진화론자인 찰스 다윈의 말입니다. 그런 자세는 우두머리 침팬지와 다를 게 없다고 합니다. 그러나 실력이 뒷받침되지 않아 자신의 우월성을 입증하거나 과시할 수 없을 경우엔 정반대의 방법도 있지요. "자존심이 강하지 않아 지위가 높은 사람에게 경의를 표하고 그를 만족시킬 수 있다면, 강력한 인물들에게 덤벼 종탑 감옥에 갇히는 사람보다 결국은 잘된다."[18] 미국 작가이자 법률가인 로버트 라이트의 말입니다.

"'내가 그렇게 했어.' 나의 기억이 말한다. '난 그렇게 할 수 없어.' 나의 자존심이 확고하게 말한다. 결국 기억이 굴복하고 만다."[19] 독일 철학자 프리드리히 빌헬름 니체의 말입니다. 사실 자신의 자존심을 보호하거나 세우기 위해 우리는 수많은 기억을 조작하지만, 자존심은 그런 조작에 대한 기억마저 없애주니 그걸 알 길이 없어지는 것이지요.

"극단적일 만큼 높거나 낮은 자존심은 우리를 황야 같은 리더십의 세계로 이끌 수 있다." 미국의 리더십 전문가 진 리프먼 블루먼의 말입니다. "자존심이 너무 세면 아주 어린 시절부터 의기양양하게 굴면서 자신은 지도자가 될 운명을 타고났다고 믿을 수도 있을 것이다.……아주 어릴 때부터 자존심에 손상을 입은 사람은 다른 사람의 인정을 이끌어내는 일에 자신의 삶을 바칠 수 있다. 필요하다면 과장된 어조나 행동까지 곁들여가면서 말이다."[20]

당신은 어느 쪽인가요? 아마도 양극단의 중간일 가능성이 높을 겁니다. 그런데 의외로 우리 사회엔 양극단에 속한 사람이 많은 것 같습니다. 국회의원 금배지를 달겠다고 나서는 사람이 미어터질 정도로 많은 걸 봐도 그렇고, 고위 공직을 맡겠다고 나선 사람들의 도덕성이 대부분 대한민국 국민의 평균 이하인 걸 봐도 그렇지요. 다른 사람의 인정을 얻기 위한 욕망이 너무도 강한 탓일까요? 자신의 자존심을 적절히 관리하면서 살면 좋겠습니다.

04

**솔직해서 좋다는
거짓말에 속지 마라**

"내 주변에 예스맨은 필요 없다. 나는 모두가 진실을 말해주길 원한다. 해고당할 위험을 감수하고 진실을 말할 사람이 필요하다."[21] 미국 영화제작자 새뮤얼 골드윈의 말입니다. 수십 년 후 골드윈의 후계자를 자처하고 나선 기업인이 있었으니, 그는 바로 20년간(1981~2001년) GE 회장을 지낸 잭 웰치입니다. 웰치는 자신의 자서전인 『위대한 승리』(2005)의 한 장을 '솔직'에 할애할 정도로 기업 경영 분야에서는 '솔직의 전도사'로 유명했습니다. 그는 모든 직원이 솔직해져야 회사 내 소통이 원활해지고, 소통 비용이 줄고, 신속한 사업 활동이 가능해진다고 열변을 토했지요.

"사람들은 속마음을 털어놓지 않는데 그건 그렇게 하는 것이 속마음을 털어놓는 것보다 더 쉽기 때문이다." 웰치의 말입니다. 그는 이런 행동 강령까지 제시했지요. "솔직을 얻으려면 그걸 보상하고 칭찬하고 솔직에 대해 이야길 해야 한다. 무엇보다도 당신 자신이 몸소 솔직을 보여야 한다. 그것도 열정적으로 심지어는 과장된 방식으로 말이다."[22]

하지만 웰치의 책을 읽으면서 공감하기보다는 "먹고 싶은 요리는 뭐든지 다 시켜. 나는 짜장면!"이라고 말하는 직장 상사의 모습이 떠오릅니다. 그런 상황에서 솔직하게 자신이 먹고 싶은 걸 주문할 수 있는 부하 직원이 얼마나 될까요? 게다가 웰치가 누군가요? 그는 CEO 취임 후 5년 동안 주가를 띄우기 위한 비용 절감책의 일환으로 11만 2,000명을 해고해 '중성자탄'이란 별명을 얻었으며, 실적을 바탕으로 직원들을 줄 세우고 들들 볶는, 무자비한 기업 문화를 조성한 경영자로 악명이 높았던 인물이 아닌가요.[23] 그래 놓고선 부하 직원들에게 "솔직하지 않아서 문제다"라고 면박까지 주다니, 이건 좀 해도 너무 하는 게 아닐까요?

솔직은 평등한 인간관계에서도 자주 고민거리가 됩니다. "솔직해서 좋다는 거짓말에 속지 마라." 스위스 작가 롤프 도벨리가 『불행 피하기 기술: 영리하게 인생을 움직이는 52가지 비밀』(2017)에서 제시한 지침입니다. 그는 "우리는 상대에게서 어느 정도의 예의범절과 매너, 자기통제를 기대한다. 문명화된 자기 조절이다. 얼굴과 얼굴을 맞대는 상황에서는 최소한 그렇다"며 이렇게 말합니다. "솔직함은 파트너나 가까운 친구 관계에서는 꼭 지켜야 하는 중요한 특성이지만, 일시적인 만남이나 공적인 관계에서는 전혀 그렇지 않다. 잘 살펴보라. 우리가 존경하는 이들일수록 자기 본심을 드러내는 데 매우 신중하다."[24]

우리가 가장 경계해야 할 것은 '솔직을 빙자한 무례'입니다. 전 세계적으로 이 방면의 달인은 단연 미국 대통령 도널드 트럼프이지요. 널리 알려져 있다시피, 트럼프는 '있는 그대로의 세상을 말하는telling it like it is' 것을 자신의 정치적 자산으로 삼았습니다. 그는 대선 출마를 선언하는 날부터 멕시코를 겨냥해 "그들은 문제가 많은 사람들을 (미국으로) 보내고 있다. 이들은 성폭행범이고 마약, 범죄를 가져오고 있다"고 말해 뜨거운 논란을 불러일으켰지요. 이에 다른 공화당 후보들까지

펄쩍 뛰면서 트럼프의 막말을 비판했지만, 이 발언 이후 트럼프의 지지율은 오히려 수직 상승했습니다. 지지자들은 트럼프의 그런 '솔직함'에 열광했고, 결국 그 덕분에 트럼프는 대통령에 당선될 수 있었습니다.[25] 하지만 결코 보통 사람이 흉내낼 일은 아닙니다. 그러다간 정말 큰일나지요.

이건 어떤가요? 2018년 2월 22일 열린 동계올림픽 5000미터 계주에서 한국은 노메달에 그쳤습니다. 금메달을 노렸지만 임효준이 넘어지는 바람에 순위권에 들지 못한 것입니다. 그 덕분에 은메달을 딴 중국 선수들이 중국에 돌아가 방송 좌담회에 출연했는데, 한 선수는 이렇게 말했지요. "임효준이 넘어질 때 행복했다." 이 선수는 양심에 걸리는 게 있었던지 스스로 "저급한가요?"라고 물었는데, 사회자의 답이 가관입니다. "아니요. 솔직합니다." 아닙니다. 그건 솔직한 게 아니라 무례한 겁니다. 명심합시다. 무례는 솔직이 아닙니다. 그건 싸가지가 없는 겁니다. 자신의 '싸가지 없음'을 솔직으로 착각하는 사람들에게 반드시 가르쳐주어야 할 사실입니다.

05

위선 없는 세계를
경험하는 것은 불가능하다

"위선은 악덕이 미덕에 바치는 공물貢物이다."17세기 프랑스 작가로 풍자와 역설의 잠언으로 유명한 프랑수아 드 라로슈푸코의 말입니다. 이는 위선이 그 기만성과 반도덕성에도 사회적으로 미덕이 악덕에 비해 우월하다는 점을 끊임없이 시인하고 확인함으로써 미덕의 유지와 확산에 도움을 준다는 뜻입니다.[26] 예컨대, 전혀 착하게 살지 않는 사람이 "착하게 살아야 한다"고 떠들어대는 건 가증스러운 악덕일망정 "착하게 살아야 한다"는 미덕의 가치를 인정하면서 널리 퍼뜨리는 장점도 있다는 것이지요.

정치학자 김영민은 "위선을 떨다 보면 진심이 생겨날지도 모른다"며 위선을 옹호합니다. 그는 "사람들이 무턱대고 '위선의 빤스'를 내려버리면 우리는 보고 싶지 않은 것을 보게 될지도 모릅니다"라면서 이렇게 말합니다. "그 안에 아름다운 내면 풍경이 아니라 쓰레기 매립지가 있다면 어떡하란 말입니까. 누가 위선의 장막 아래 덮어둔 쓰레기를 구태여 들여다보고 싶겠습니까? 들여다보고 싶다고요? 너나 할 것 없이 다 같이 쓰레기라는 사실을 확인이라도 하고 싶은 건가요?……위선의 빤스를 입은 사회는 하의 실종의 야만 상태보다는 나을 겁니다. 누가 아나요? 위선을 계속 떨다 보면, 예식禮式을 지속적으로 수행하다 보면, 어떤 내면이 생겨날지도 모릅니다."[27]

이상의 견해들은 위선을 절대적으로 옹호하는 건 아니며 부분적으로 옹호하는 것이지만, 넓은 의미의 '위선 옹호론'으로 분류할 수 있겠습니다. 이런 '위선 옹호론'과도 통하는 '위선 불가피론'도 있습니다. 인간인 이상 위선을 피하는 건 거의 불가능하다는 것이지요. 예컨대, 스코틀랜드의 철학자 데이비드 흄은 "사회의 일반적인 의무들은 위선을 필요로 하고, 위선 없는 세계를 경험하는 것은 불가능하다"고 했지요.[28]

'위선 옹호론'과 '위선 불가피론'엔 수긍할 수 있는 점이 있음에도 우리는 대체적으로 위선에 대해 단호히 비판적인 자세를 취합니다. 왜 그럴까요? 위선을 저지르는 사람이 아름다운 당위나 규칙을 말해놓고선 자신은 그걸 지키지 않는다면 그 말을 믿은 사람만 손해를 보니 매우 불공평하다고 생각하기 때문입니다. 실제로 우리는 자신의 이익을 위해선 공정성이나 공평성을 무시하거나 훼손하기도 하지만, 때론 '이익'보다 '공정'을 더 중시합니다. 특히 자신에게 돌아가는 이익이 크지 않거나 사회적 차원의 이익일 경우엔 공정을 택합니다. 1982년 독일 경제학자 베르너 귀스가 생각해낸 '최후 통첩 게임ultimatum game'은 그걸 잘 보여줍니다.

"게임은 2인 1조로 이루어지지만 당신과 상대방은 서로가 누구인지 알지 못합니다. 게임 규칙은 간단합니다. 제가 주는 10만 원을 두 분이서 나눠 가지면 되는데 상대방이 당신에게 돈을 몇 대 몇으로 나누자고 제안할 것입니다. 상대방의 제안에 대해 당신은 받아들일 것인지 거절할 것인지를 결정하면 됩니다. 만약 당신이 상대방의 제안을 받아들이면 당신은 상대방이 제안한 돈을 받을 수 있지만, 거절하면 당신과 상대방 모두 한 푼도 가질 수 없습니다. 기회는 한 번뿐이고 한 번 제안한 이후에는 협상은 없습니다."[29]

　두 사람이 5대 5로 나누면 이 게임은 싱겁게 끝나겠지만, 그렇게 해서야 어디 게임의 묘미가 살겠습니까? 게임이 시작되자 상대방은 당신에게 8대 2, 즉 자신이 8만 원, 당신이 2만 원을 가지라고 제안합니다. 2만 원이라도 받을 것인가, 아니면 아예 안 받겠다고 할 것인가? 그간 이 실험에 응한 사람들 가운데 자신의 몫이 3만 원 이하일 경우 대부분의 사람들이 안 받겠다는 결정을 내렸다고 합니다.[30]

　우리 인간이 빵만으로 사는 건 아니지요. 한국인들은 "배고픈 건 참아도, 배 아픈 건 못 참는다"는 삶의 철학으로 생존 경쟁에 임하고 있다는 말이 있습니다.[31] 한국인이 그 점에서 유별나긴 하지만, 한국인만 그런 건 아닙니다. 우리는 다른 사람이 피땀 흘려 일해서 거둔 성공을 배 아파하진 않습니다. 부동산이 폭등해 큰 불로소득을 얻었다거나 할 때에 배가 아프지요. '배 아픈 것'을 좀 점잖게 말하자면, '정의감'이나 '공정 의식'입니다. 자신이 손해를 좀 보더라도 정의에 반하거나 불공정한 것은 못 견뎌한다는 말이지요. 우리가 위선에 분노하는 데엔 이런 생각이 자리 잡고 있다고 볼 수 있겠지요.

06

거절은 의견에 불과하다

"No는 자신을 존중하는 말이다." 미국의 상담 전문가 듀크 로빈슨이 『좋은 사람 콤플렉스』(1997)라는 책에서 한 말입니다. "반드시 들어줘야 할 이유가 없는 부탁이라면 오히려 거절해야 모두에게 이롭다. '미안하지만 안 될 것 같다'고 기분 좋게 말할 수 있다면, 큰 부담을 지지 않아도 되므로 자신에게도 좋은 일이다. 설령 그런 적이 없다고 해도 거절할 때 느끼는 홀가분한 기분에 스스로 놀랄 것이다."[32]

"'예'는 천천히, '아니오'는 빠르게 말하는 법을 배울 필요가 있다."[33] 미국 기업가 톰 프리엘의 말입니다. 영국에선 이런 '거절 훈련' 워크숍도 열린다고 하네요. 영국 상담심리학자 재키 마슨은 자신의 거절 워크숍에서 참가자들에게 자유롭게 방 안을 걸어다니라고 한 후, 다른 사람과 마주칠 때마다 '싫어'라고 말하게 한다는군요. 그는 "긴말도 아니고 그저 '싫어'라고만 말하게 했다"며 "참가자들은 시간이 지날수록 '싫어'라고 말하는 것을 즐기는 것 같았고, 방 안의 에너지 또한 상승하는 것이 느껴졌다"고 주장합니다.[34]

거절을 위한 노력이 눈물겹네요. 거절을 비교적 잘하는 사람들은 "아니, 꼭 그렇게까지 해야 하나?"라고 의아하게 생각하겠지만, '거절하는 법'에 관한 책이 많이 출간되는 걸 보면 거절하지 못하는 성격으로 인해 고통 받는 사람이 꽤 많은 것 같습니다. 서양인들보다는 정情에 약한 한국인들이 더 고통 받고 있지 않을까요? 문학평론가 정여울은 그 고통을 다음과 같이 털어놓습니다.

"나는 거절의 에티켓에 능숙하지 못하다. 멋지고 세련되게 거절 의사를 표현하는 사람을 보면 부럽기 그지없다. 부득이하게 거절의 뜻을 표할 때마다 등줄기에

식은땀이 흐른다. 가장 큰 걱정은 상대방이 나에게 안 좋은 인상을 가질까 하는 것이었다. 하지만 상대방이 섭섭해하거나 나를 싫어할까봐 어떤 일을 덜컥 떠맡으면 그때부터 더 크나큰 마음고생이 시작된다."

내심 "맞아, 맞아, 바로 내 이야기야!"라고 생각할 사람이 적지 않을 것 같습니다. 이른바 '착한 사람 콤플렉스disease to please'가 없는 사람일지라도 거절을 하면서 마음 편할 사람이 얼마나 있겠습니까? 그래서 동서양을 막론하고 거절은 늘 주요 화두가 되어왔고, 거절을 주제로 다룬 국내외 책이 적잖이 나와 있습니다.

수많은 해법이 나와 있지만, 정여울의 생각이 모범 답안인 것 같습니다. 정여울은 "나이가 들수록 진짜 중요한 것은 거절의 '태도'지 거절 자체가 아님을 알게 되었다"며 이런 결론을 내립니다. "잊지 말자. 우리는 부탁을 거절하는 것이지 존재 자체를 거부하는 것이 아니다. 거절하는 이에게는 '거절의 윤리와 에티켓'이, 거절당하는 이에게는 '거절을 지혜롭게 해석하는 능력과 거절을 극복하는 용기'가 필요한 요즘이다."[35]

무엇보다도 모든 사람을 대상으로 다 사랑을 받거나

호감을 얻겠다는 과욕을 포기해야 합니다. 그런 과욕의 근거인 낮은 자존감은 남이 아닌 자신에게 '착한 사람'이나 '좋은 사람'이 되는 걸로 극복해야지 그렇게 퍼주기 방식으로는 해결되지 않습니다.[36]

미국에서 '100일간 거절당하는 프로젝트'를 진행한 후 『거절당하기 연습: 100번을 거절당하니 실패가 두렵지 않았다』(2015)는 책을 출간한 지아 장은 "거절은 의견에 불과하다"고 주장합니다.[37] 거절당하는 것을 두려워하지 말라는 뜻으로 한 말이지만, 거절하는 입장에서도 "거절은 의견에 불과하다"고 생각하면 거절이 한결 쉬워집니다. 나는 의견을 제시하는 '표현의 자유'를 누리는 것일 뿐이니까 말입니다. 표현의 자유는 기본적인 인권이 아닌가요. 그 기본적인 인권을 소홀히 하는 사람은 결코 착한 사람일 수 없습니다.

07

행복은 종교처럼 미스터리다

"행복은 쫓으면 손에 잡히지 않지만 가만히 앉아 있으면 살며시 내게 내려앉는 나비와 같다." 미국 작가 너새니얼 호손의 말입니다. 〈사랑은 나비인가봐〉라는 노래도 있지만, 사랑만 나비가 아닙니다. 행복도 나비입니다. 모른 척 외면할 때에 다가오는 것이지요.

"행복은 다른 사람의 비참한 상태를 곰곰이 생각할 때에 생겨나는 흐뭇한 마음이다."[38] 미국 작가 앰브로즈 비어스의 말입니다. 너무 독하네요. 영국 철학자 버트런드 러셀이 "행복의 비결은 이 세상이 끔찍할 정도로 무섭다는 것을 받아들이는 것에 있다"고 말한 게 무난하지 않을까요?

하긴 그렇습니다. 우리는 TV 뉴스나 각종 디지털 미디어를 통해 끔찍한 전쟁, 테러, 재난이 일어난 나라의 모습을 지켜보면서 "나는 저곳에 있지 않다"는 안도감을 느낍니다. 그 느낌은 행복감과 무관하지 않습니다. 하지만 그런 행복감을 느끼기 위해 내가 살고 있는 곳마저 끔찍할 정도로 무섭다고 생각할 필요는 없습니다. 러셀도 우리가 추구하는 행복의 정체를 꼬집기 위해 한 말일 뿐이지요. 자신이 원하는 것 못지않게 이미 누리고 있는 것을 생각한다면, 우리는 행복에 한 걸음 더 다가설 수 있지 않을까요?

"행복은 종교처럼 미스터리이므로, 합리적으로 설명하려고 해선 안 된다." 영국 작가 G. K. 체스처턴의 말입니다. happiness(행복)의 본뜻은 "good fortune(행운)"입니다. happiness와 happening(우연한 사건)의 어원인 'hap'는 '우연'이라는 의미를 가지고 있지요. 따라서 happiness라고 하는 말에는 외부에서 찾아오는 '행운'과 비슷한 울림이 있습니다.[39] 그래서 행복은 미스터리라고 한 게 아닐까요?

"행복의 한 문이 닫히면 다른 문이 열린다. 그러나 우리는 닫힌 문만을 오랫동안 바라봄으로써 이미 우리에게 열려진 다른 문을 보지 못한다." 장애인으로 큰 업적을 이룬 헬렌 켈러의 말입니다. 지금 당신이 열려고 애쓰는 문이 유일한 입구인지 확인해볼 필요가 있겠습니다. 우리는 살면서 "반드시 끝장을 보겠다"는 말을 하지만, 그게 그럴 만한 가치가 있는 일인지, 다른 문은 없는지, 생각도 해보는 게 좋지 않을까요?

"이따금 행복을 좇는 걸 멈추고 그냥 행복해하는 것도 좋지 않은가." 프랑스 작가 기욤 아폴리네르의 말입니다. 말장난처럼 들릴 수도 있겠지만, "행복은 마음먹기 나름"이라는 말을 멋지게 표현한 걸로 볼 수 있겠네요. 우리는 늘 행복을 '미래의 영역'에만 가둬둔 채 살아가고 있습니다. '언젠간'이라는 말을 수시로 되뇌지만, 사실 행복은 '지금, 여기에' 있는 건지도 모르지요.

"내 인생은 목적도, 방향도, 목표도, 의미도 없지만 난 행복하다. 이게 어떻게 가능한지 나도 모르겠다. 내가 이래도 되는 건가?" 미국 만화가 찰스 슐츠의 말입니다. "당신은 만화가로 성공했으니까 그렇게 말할 수 있는 거야"라고 반박할 사람이 있을까요? 성공한 사람들에게만 발언권이 있다고 믿지 않는다면, 행복은 계획과 의미의 영역을 벗어난 곳에 있다는 생각을 해볼 필요가 있지 않을까요? 정녕 나의 주인이 바로 나라면 말입니다.

"'완벽'이라는 단어와 마찬가지로 행복은 실제로 존재 가능한 개념이 아니다. 그것은 짧은 순간에만 나타난다."[40] 덴마크 극작가 니콜라인 베르델린의 말입니다. 하지만 달리 생각할 수도 있습니다. 행복이 나타난 짧은 순간을 머릿속에 저장해두고 수시로 꺼내보는 것입니다. 기억의 힘이지요. 좋았던 순간을 기억하면서 그 힘으로 행복하지 않은 긴 시간들을 이겨내는 겁니다. 이게 좀 궁상맞게 보인다면, 좀더 적극적인 자세로 행복의 다른 문이 열려 있는 건 아닌지 탐색해볼 필요가 있겠습니다.

08

그저 그런 영화도 하이라이트는 재미있다

"자신의 삶을 정말 불행하게 만들고 싶다면 자기 자신을 다른 사람과 비교하라."[41] 미국 작가 댄 그린버그가 『자신을 불행하게 만드는 법』(1987)에서 한 말입니다. 그런데 문제는 비교가 우리의 본능에 가까우며, 비교를 통해 자기 발전을 할 수 있는 이점도 많다는 점입니다. 그래서 자신을 남들과 비교를 하지 않는다는 건 정말 기대하기 어려운 일이지요.

그런 점에서 미국 심리학자 엘렌 랭어가 "어떤 기준으로 비교하느냐가 중요하다"고 말한 게 현실적인 해법이 아닐까요? 비교를 통해 우리의 능력뿐 아니라 일반적인 가치마저 평가한다면 문제가 될 수 있으며, 능력을 비교하는 것도 어떻게 하느냐에 따라 독이 될 수 있다는 겁니다. 랭어는 다음과 같이 말합니다.

"우리가 세상을 좀더 창의적으로 살아가지 못하는 가장 큰 이유는, 아마도 우리가 대단히 창의적이라고 여기는 사람과 기계적으로 비교하고 거기에 우리가 따라가지 못할 것이라고 생각하기 때문이다. 나는 대학원생들이 논문을 시작할 때 다른 사람들이 쓴 논문과 비교하기 때문에 두려워하는 경우를 많이 보았다. 문제는 대개 보는 관점의 차이 때문에 생긴다. 다른 사람의 능력을 단순히 재능으로 본다면 그들의 노력을 간과하는 것이다. 그들 역시 시작 단계에서는 서투른 초보자의 과정을 거쳤다는 점을 잊고 있는 것이다."[42]

"한국인들은 선진국이 되고자 하는 열망으로 남과 비교하는 저주에 빠져버렸다." 영국 저널리스트 대니얼 튜더의 말입니다. 그는 "끔찍한 비극인 세월호 사건에 대해 부끄럽다고 얘기하는 한국인이 있다"며 "한국과 외국을 끊임없이 비교하는 한국인들을 보며 서글픔을 느꼈다"고 했습니다. 그는 "한국인들은 빠른 해답을 기대하는데 스스로를 믿고 남의 말을 너무 많이 듣지 마라"며 "이른바 선진국 담론을 버릴 수 있을 때 진정한 의미의 선진국이 될 수 있을 것"이라고 말합니다.[43]

지당하신 말씀이지만, 그게 쉬울 것 같지는 않네요. 개인 차원에서건 국가 차원에서건 자신을 끊임없이 남과 비교하는 한국인의 비교 중독증은 삶을 피폐하게 만드는 '저주'인 동시에 초고속 압축 성장을 이루게 만든 '축복'이기도 했기 때문이지요. 그럼에도 이젠 튜더의 조언처럼 비교를 자제할 때가 되었다는 것은 분명합니다. 비교가 삶을 피폐하게 만드는 정도가 감당할 수 있는 수준을 넘어섰기 때문이지요. 세계 최고 수준의 자살률과 최저 수준의 출산율이 그걸 말해주는 게 아닐까요?

"그저 그런 영화도 하이라이트는 재미있다." 작은 홍보 대행사에서 출발해 직원 300여 명의 프레인 글로벌 그룹을 만든 여준영의 말입니다. "타인의 삶은 하이라이트로 보게 되어 있고 내 삶은 단 1초도 편집 안 된 날 것 그대로 느끼게 되어 있다. 그래서 내 삶이 남의 삶보다 섹시하지 않아 보이는 거다. 그러니 도대체 내 필름만 왜 이 모양인가 슬퍼하지 말아라."[44] 참 말도 잘하시네요. 그래서 성공했나 봅니다.

사실 우리는 남이 잘된 이야길 들으면 자꾸 자신의
처지와 비교하게 되지요. 잘된 사람을 진심으로 축하해
주는 마음이 있더라도 그저 그렇거나 일이 영 안 풀리
는 자신과 비교하다 보면 속이 상합니다. 그런데 우리
가 남에 관한 이야길 들을 땐 한 가지 놓치는 게 있습
니다. "그저 그런 영화도 하이라이트는 재미있다"는 사
실을 말입니다. 우리는 이걸 잊고서 남의 삶에 대해 하
이라이트 중심으로 평가합니다. 내 인생도 하이라이트
중심으로 편집하면 썩 그럴듯한데도 말입니다.

내 귀에 솔깃하게 들리거나 내 눈에 멋지게 보이는
타인의 삶은 하이라이트에 불과하다는 걸 깨닫기 위해
선 자신의 불만스러운 삶을 하이라이트로 편집해보는
게 필요합니다. 남들이 보기엔 꽤 그럴듯하게 보일 수
도 있으니까 말입니다.

09

친구가 성공할 때마다
나는 조금씩 죽는다

시기심envy과 질투jealousy는 곧잘 같은 의미로 혼용되는데, 나라마다 차이가 있어 혼란을 불러일으킵니다. 독일 심리학자 롤프 하우블은 『시기심』(2001)이란 책에서 '질투'는 '시기심' 대신 사용할 수 있는 반면에 그 반대는 불가능하다면서 시기심과 질투를 이렇게 구분합니다.

"시기심은 시기하는 사람과 시기의 대상이 되는 사람이라는 두 명의 인물을 전제로 하는 반면에, 질투는 삼각관계를 내포하고 있다. 질투의 형태 가운데 가장 잘 알려진 남녀 간의 질투는 질투심에 불타는 남자, 사

랑을 받는 여자, 이 여자를 두고 경쟁하는 남자로 구성
된다."[45] 즉, "시기심은 2자 관계, 질투는 3자 관계다"로
정리할 수 있겠습니다. 한국의 용법도 대체적으로 그렇
지요.

"질투야말로 정말 어리석은 죄악이다." 미국 투자가
찰스 멍거의 말입니다. "왜냐하면 그것은 유일하게 재
미를 느낄 수 없는 것이기 때문이다. 고통만 많을 뿐 재
미는 전혀 없다." 스위스 작가 롤프 도벨리도 이 말에
맞장구를 칩니다. "모든 감정들 가운데 질투가 가장 어
리석은 것이다. 왜냐하면 질투는 비교적 쉽게 통제할
수 있는 감정이기 때문이다. 내 의지로 바꿀 수 없는 상
황 때문에 생기는 분노나 슬픔 혹은 불안과는 반대로
말이다."[46]

"친구가 성공할 때마다 나는 조금씩 죽는다." 미국
작가 고어 비달의 고백입니다. 미국 심리학자 리처드
스미스는 "이 말이 진실이라면 그 반대도 진실일 것이
다. '친구가 실패하면 나는 조금씩 더 살아난다'"고 말
합니다. "누군가를 질투하면 당연히 그 사람과 자신을
비교하게 되고, 따라서 그의 불행이 가져오는 결과가
더욱더 소중해진다. 결코 무시할 수 없는 특별 보너스

가 하나 있는데, 그 불행이 질투라는 고통스러운 감정을 제기해준다는 것이다. 열등감과 불쾌감이 우월감과 그로 인한 기쁨으로 바뀐다."[47]

이상의 명언들에서 질투는 시기심이라는 말로 대체해도 무방할 것 같습니다. 질투라고 하면 역시 남녀관계에 적용할 때에 제맛이 살지요. "질투는 사랑이라는 나무를 휘감아서 가지를 마르게 하고 뿌리까지 못 쓰게 하는 독성의 덩굴과도 같다." 오스트리아 출신의 미국 정신의학자 W. 베란 울프의 말입니다. "그것이 무성해지면 사랑과 사랑하는 사람은 죽임을 당하고, 사랑의 대상을 노예로 만들고, 그로 인해 사랑은 성립하지 못한다. 그것이 쇠하면 양자에게 불행이 닥친다. 질투는 가장 비인간적이고 파괴적인 감정 중 하나다. 나약한 사람, 겁 많은 사람, 무지한 사람이 사용하는 도구이며 비극만 초래할 뿐 아무런 효과도 없다."[48]

그러나 어이할까요. 그 어떤 비극이 벌어지건 질투를 할 때엔 모든 게 눈에 보이질 않으니 말입니다. "질투에 눈이 먼 사람과는 말이 통하지 않는다." 정신분석의 정도언이 『프로이트의 의자』(2009)에서 한 말입니다. "이쪽에서는 한국어를 하지만 저쪽에서는 프랑스어를 하는 것처럼 단어와 문법이 전혀 다른 언어로 대화하기 때문이다. 설득이 불가능하다. 질투는 내 마음이 혼란함에 묶여 있는 상태다. 일종의 강박증이다. 질투라는 강박증이 심해지면 그 사람은 첩보 활동에 준하는 행동과 모략을 가리지 않는다."[49]

우리는 자주 언론을 통해 그런 '첩보 활동에 준하는 행동과 모략'을 접합니다. 이런 첩보 활동가들은 '사랑 때문에'를 내세우지만, 영국의 의사이자 작가인 해블록 엘리스가 말했듯이, "질투는 사랑하는 대상을 지키는 것처럼 가장하면서 그 대상을 죽여버리는 용입니다".[50] 그렇다고 해서 질투가 전혀 없는 사랑은 존재할 수 없으니, 문제는 다시 과유불급過猶不及의 원칙으로 돌아가고 맙니다. 질투를 하더라도 적당히 하자는 겁니다.

10

너무 큰소리로 당신의 행복을 과시하지 마라

"열정 가운데 사랑과 시기심처럼 사람을 구속하고 매료시키는 열정은 없다." 영국 철학자 프랜시스 베이컨의 말입니다. 그래서 그는 이런 충고를 했지요. "행복의 절정에서 자신들이 얼마나 힘든 삶을 사는지 끊임없이 고통을 호소해야 한다. 정말 그렇게 느껴서가 아니라, 다만 시기하는 무리들을 진정시키기 위해서다."[51]

베이컨의 뒤를 이어 독일 작가 아돌프 프라이헤어 크니게도 이렇게 말했습니다. "너무 큰소리로 너의 행복한 상태를 칭송하지 마라! 너의 화려함, 부, 재능을 너무

빛나는 것으로 털어놓지 마라! 듣는 사람들이 불만과
시기심을 갖지 않고 그런 것을 받아들이기는 힘들다."[52]

"남의 불행을 고소해하는 마음은 잔인한 마음과 비
슷한 것으로, 동정심을 가져야 할 자리에 나타나서 모
든 정의와 인간애의 원천에 등을 돌리는 것이다."[53] 독
일 철학자 아르투어 쇼펜하우어의 말입니다. 독일에
선 '남의 불행을 고소해하는 마음' 또는 '남의 불행에
서 얻는 행복'을 가리켜 '샤덴프로이데Schadenfreude'라
고 합니다. Schaden(damage, harm)과 Freude(joy)의 합성
어로, 영어에서도 차용어loanword로 널리 쓰이고 있지요.
schadenfreude로 표기하기도 하지만, 명사의 첫 글자는
대문자로 쓰는 독일식 용법을 따라 대문자로 쓰는 경우
가 많습니다. 쇼펜하우어는 "시기를 하는 건 인간적이
지만, 샤덴프로이데는 악마적이다"고 주장했지요.[54]

미국 정신의학자 윌러드 게일린은 "샤덴프로이데는
시기의 반대이다. 시기가 남의 즐거움으로 인한 고통,
예를 들면 낙원에 있는 아담과 이브를 보는 사탄의 고
통인 반면 샤덴프로이데는 남의 불행으로 인한 기쁨인
것이다"며 다음과 같이 말합니다.

"우리 모두는 지체 높고 능력 있는 사람이 추락할 때 어떤 기쁨을 느끼는 경향이 있다. 그들의 추락은 단순히 그들의 능력과 우리의 능력 사이의 차이를 줄여줄 뿐이다. 하지만 샤덴프로이데는 더 심한 문제이다. 시기와 샤덴프로이데는 동전의 양면이며 항상 함께 나타난다. 심한 경우 가장 가까운 친구가 잘되는 것마저 위협과 굴욕으로 여긴다. 이는 마치 인생을, 타인의 상승이 곧 나의 하락인 시소 같은 것이라고 보는 것과 같다."[55]

시기와 샤덴프로이데를 엄격히 구분하려는 쇼펜하우어나 윌러드 게일린의 주장은 희망사항일 뿐 현실과는 거리가 멉니다. 샤덴프로이데는 좀 강한 시기심일 뿐입니다. 고대 그리스 철학자 아리스토텔레스가 다음과 같이 주장했듯이 말입니다. "남의 불행을 기뻐하는 사람은 남의 성공을 시기하는 사람과 똑같다. 어떤 일의 발생이나 존재 때문에 괴로운 사람은 그것이 존재하지 않거나 파괴되면 기쁠 것이다."[56]

1990년대 후반 미국 넷스케이프 CEO였던 짐 박스데일은 실리콘밸리 문화에 대해 이렇게 말했습니다. "세상에는 오로지 두 종류의 이야기만 있죠. 영광 가득

한 이야기와 수치 가득한 이야기. 처음에 우리는 영광 가득한 이야기를 가졌죠. 이 도시에 있는 사람 모두가 성공을 숭배하지요. 하지만 그들이 사는 진정한 목적은 다른 이들을 실패하는 것을 보기 위해서이지요." 이에 대해 저널리스트 데이비드 캐플런은 『실리콘밸리 스토리』(1999)에서 "자연도태는 실리콘밸리를 자극하지 못한다. 실리콘밸리를 자극하는 것은 '샤덴프로이데'라는 독일식 개념인 것이다"라고 말합니다.[57]

　실리콘밸리 문화만 그렇겠습니까? 치열한 경쟁이 있는 어느 곳에서건 일어나는 현상으로 보는 게 옳을 겁니다. 샤덴프로이데를 피하는 방법은 단 한 가지입니다. 앞서 베이컨과 크니게가 충고했듯이, "너무 큰소리로 당신의 행복을 과시하지 마라!" 부자들이 늘 힘들다고 엄살을 부리는 이유도 바로 여기에 있을지도 모르겠습니다. 정반대의 조언도 가능하지 않을까요? "너무 큰소리로 당신의 불행을 푸념하지 마라! 사람들이 도움을 주기보다는 오히려 당신 곁을 떠나려고 할지도 모르니까."

11

감정은 쉽게 의식을 장악한다

"감정은 이성이 모르는 자기만의 법칙을 갖고 있다." 프랑스 사상가 블레즈 파스칼의 말입니다. 이 말은 낭만주의자들이 찬양하는 슬로건이 되었습니다. 낭만주의자는 미지의 세계와 모험을 추구해 사람들을 놀라게 하고 싶어 했기 때문에 개연성이 희생되는 것 따위는 조금도 돌보지 않았지요. 그래서 낭만주의 작가가 꾸며낸 인물들은 강렬하고 극단적이어서 자제력 따위는 소시민들의 따분한 도덕이라 여기고 경멸했습니다.[58]

"감정적 표시를 잘 송수신하는 능력이 사회적 행위

를 통제해 개인의 생존할 가능성을 높여준다." 영국의 생물학자이자 진화론자인 찰스 다윈의 주장입니다. 감정의 또다른 능력은 행동을 촉발하는 동기부여의 가장 강력한 근원이라는 점입니다. 이에 대해 미국 심리학자 드루 웨스텐은 이렇게 말합니다. "모티베이션 motivation(동기부여)과 이모션emotion(감정)이 '움직이게 만든다'는 뜻을 가진 라틴어 movere에서 유래되었다는 것은 결코 우연이 아니다."59

"감정을 느끼는 것처럼 연기하는 편이 연기하고 있다고 느끼는 것보다 편하다."60 미국 심리학자 윌리엄 제임스의 말입니다. 그는 이른바 '가정 원칙As If principle'을 제시하면서 "어떤 성격을 원한다면 이미 그런 성격을 가지고 있는 사람처럼 행동하라"고 말했지요. 이는 감정이 행동을 만들기보다는 오히려 행동이 감정을 만든다는 점을 강조하기 위한 것으로 볼 수 있습니다.61

제임스는 1890년에 출간한 『심리학의 원리』에서 인간을 순전히 이성적 동물로 이상화했던 과거의 견해는 잘못된 것이라고 단언하는 동시에 감정의 충동이 반드시 나쁜 영향을 미치는 것은 아니라고 했습니다. 뇌에서 차지하는 '습관, 본능, 감정의 우위'가 뇌를 효율적으로 만드는 데 중요한 역할을 한다는 것이지요.[62]

시대를 앞서간 사람은 고난에 시달리기 십상인데, 제임스도 예외는 아니었습니다. 오늘날엔 감정이 행동을 만들고 행동도 감정을 만든다는 쌍방 통행로가 널리 받아들여지고 있지만, 다른 통행로를 처음 제시한 제임스는 일부 심리학자들에게서 가혹한 비판에 시달려야만 했습니다. 하지만 이후 전개된 역사는 제임스의 손을 들어주었지요.

"감정에 대한 의식적 통제는 약한 반면 거꾸로 감정은 쉽게 의식을 장악한다." 미국 뉴욕대학 교수 조지프 르두가 『감정적 두뇌』(1998)에서 한 말입니다. "진화의 역사를 살펴보면 현 시점에서는 두뇌의 연결 구조가 그렇게 돼 있기 때문이다. 감정적 시스템에서 인지적 시스템으로 향하는 연결이 그 반대인 인지적 시스템에서 감정적 시스템으로 향하는 연결보다 강하다는 것이다."[63]

"아주 최근까지도 감정은 학계에서 환영받지 못하는 손님이었다. 열정은 이성을 뒤흔들고, 감정은 계몽주의

과학을 위협하는 것처럼 보이기 때문이다."[64] 미국 하버드대학 의대 교수 조지 베일런트의 말입니다. 물론 최근까지 그랬다는 것일 뿐, 이제 세상은 달라졌습니다. 미국 신경학자 안토니오 다마시오는 "감정은 합리적 사고에서 필수불가결한 역할을 한다"고 주장합니다. 감정과 논리는 불가분의 관계이기 때문에 감정을 느낄 수 없을 정도로 뇌가 손상되어 감정 조절 능력이 훼손되면 합리적으로 사고하는 것도 불가능해진다는 겁니다.[65]

한국인은 감정 발산에 매우 능한 사람들입니다. 한류의 세계적인 성공도 바로 그 덕을 본 게 아닐까요? 물론 감정 발산이 지나친 경우도 많다는 흠이 좀 있긴 합니다만. 자신의 감정을 과잉 분출하는 것도 문제지만, 무작정 억누르는 것도 문제입니다. 감정과 거리를 두려고만 하지 말고 자신의 생존 가능성은 물론 성장 가능성을 높이기 위해서라도 자신의 감정과 친해지면 좋겠습니다.

12

슬픔은 사람을 진실하게 만든다

"불행이 닥쳤을 때 좋았던 시절을 떠올리는 것보다 더 큰 슬픔은 없다." 이탈리아 시인 단테의 말입니다. 슬픔은 그런 대비 효과의 영향을 많이 받습니다. 슬퍼하더라도 그 무엇과도 비교하지 않는 마음을 갖는 것이 슬픔을 떨쳐내는 데에 좋지요. "슬픔은 사람을 늙게 만든다Grief ages us"는 말처럼 슬픔으로 인해 더 늙어지는 게 뭐가 좋겠습니까?

"슬픔을 해소할 수 있는 안전하고도 일반적인 해독제는 무언가를 하는 것이다.……슬픔은 영혼에 끼는 녹

같은 것이다. 새로운 생각을 할 때마다 그 녹을 조금씩 비벼서 털어낸다. 슬픔은 정체되고 부패된 삶에서 오기 때문에 운동과 움직임으로 해소할 수 있다."[66] 영국 작가 새뮤얼 존슨의 말입니다.

"슬픔은 우리 모두를 어린 시절로 돌아가게 한다."[67] 미국 철학자 랠프 월도 에머슨의 말입니다. "슬픔은 사람을 진실하게 만든다." 미국의 목사이자 노예폐지 운동가였던 헨리 워드 비처의 말입니다. "행복은 몸에는 좋지만, 정신력을 키우는 것은 슬픔이다." 프랑스 소설가 마르셀 프루스트의 말입니다.

이 명언들은 모두 과학적으로 상당한 근거가 있다는 게 밝혀졌습니다. 미국 심리학자 조지 보나노의 『슬픔 뒤에 오는 것들』(2009)에 따르면, 슬픔은 타인에 대한 편견을 줄여주며 효과적인 자기 성찰을 가능케 해준다고 합니다.[68] 슬픔이 진실성, 정신력, 성찰성을 키워주는 건 불행 중 다행이지만, 그렇다고 해서 일부러 슬퍼질 필요는 없겠지요.

"세대 차이는 슬픔에 대한 인식의 문제다." 소설가 박민규의 말입니다. 그가 직접 이렇게 말한 건 아니지만 취지는 그렇습니다. 그는 "왜 젊은이들이 본격문학을 외면할까 생각해봤어요. 그런데 작가들이 젊은 세대에 대해 너무 모르는 것 같아요"라며 다음과 같이 말합니다.

"예를 들면 아버지가 빨치산이라 연좌제로 피해를 당한 기성세대의 슬픔 못지않게, 머리를 물들이고 힙합 스타일을 하고 아무런 부족함 없이 살아온 젊은 세대한테도 슬픔이란 게 있어요. 윗세대처럼 전쟁을 겪지 않았고 억하심정 같은 한도 없지만, 그렇다고 마냥 행복하지만도 않잖아요? 제가 볼 때는 둘 사이 슬픔의 정도나 양은 비슷해요. 하지만 경륜 있는 작가 분들은 두 슬픔의 성질이 비슷하고 양이 같다는 것을 이해하지 못해요. 젊은 세대의 슬픔을 하찮은 것으로 여기죠. 이게 곧 단절인 거예요."[69]

세대 차이는 좀 있을망정, 한국인이 슬픔을 잘 느끼는 사람들이라는 건 분명한 것 같습니다. 김광해가 1925년에서 1945년 사이에 유행했던 가요 437곡을 내용 분석한 결과에 따르면, '울다'라는 동사는 전체 437곡의 거의 절반에 가까운 213개의 노래에, '눈물'이라는 명사는 3분의 1에 가까운 노래에 나오는 것으로 나타났습니다.[70]

이젠 해방도 되었으니 달라졌을까요? 조금 달라지긴 했지만, 슬픔의 강세는 여전합니다. 『중앙일보』가 2015년 빅데이터 분석 업체인 다음소프트와 지난 7년 6개월간 트위터·블로그에 올라온 전체 글 70억 4,279만 건을 분석한 결과, 감성 연관어(감정을 표현하는 단어) 가운데 슬픔 연관어의 비중이 22.3퍼센트로 가장 많은 것으로 나타났습니다.[71]

"하늘의 태양 아래 가장 슬픈 것은 당신이 사랑하는 사람에게 작별 인사를 하는 것입니다." 미국 가수 멜라니 사프카의 노래 〈가장 슬픈 것The Saddest Thing〉입니다. 하지만 사프카는 의연하게 노래합니다. "오, 좋은 시절이여 안녕. 이제 울어야 할 때에요. 그러나, 나는 울거나 소란을 떨지 않을 거예요. 단지 당신에게 감사하다 말할래요. 같이 해온 삶에 대해서요." 이렇게 말하니 더 슬퍼지네요. 무슨 이유로 헤어졌건, 우리 모두 헤어진 애인에게 뒤늦게나마 마음속으로 그런 감사의 인사를 해보는 건 어떨까요?

13

현명한 사람이 원하는 것은 고통이 없는 상태다

"현명한 사람이 원하는 것은 쾌락이 아니라 고통이 없는 상태다. 현명한 사람은 고통이 없기를 바랄 뿐이지 쾌락을 원하지 않는다." 그리스 철학자 아리스토텔레스의 말입니다. 이 말을 '처세에 관한 가장 큰 가르침'으로 여긴 독일 철학자 아르투어 쇼펜하우어는 이런 결론을 내렸지요. "우리가 행복하게 산다는 것은 '가능한 한 괴롭지 않게, 간신히 견디면서 산다'는 뜻이다."[72]

"오, 나의 고통이여, 현명해져라. 좀더 평온하게 굴어라."[73] 프랑스 시인 샤를 피에르 보들레르의 유일한 시집 『악의 꽃』(1857)에 나오는 말입니다. 그는 자신은 태어나면서부터 저주를 받았다고 회고하면서 이 시집을 '세상의 모든 고통을 담아 놓은 사전'이라고 자평했지요. 그도 그럴 것이, 그의 인생은 항상 빚을 지고, 어머니에게 돈을 달라고 조르고, 빚쟁이에게 쫓기고, 지병인 매독이 불청객이 되어 간헐적으로 온몸에 찾아들었습니다. 보들레르는 이러한 고통 속에서 시인으로 단련되었으니,[74] '고통의 시인'이라 불러도 무방하겠습니다.

"사람은 어떤 고통을 온전히 경험했을 때만 그 고통에서 치유될 수 있다." 프랑스 소설가 마르셀 프루스트의 말입니다. 프랑스 정신과 의사 카트린 방세의 해설을 들어볼까요? "고통을 정신의 한구석에 처박아두고, 그 존재를 고집스레 부인하면서 침묵하게 하며, 진통제와 진정제로 묵살하려 해도 소용없다. 고통이 우리도 모르는 사이에 은밀하게 작용하는 것을-특히, 우리의 건강을 갉아먹는 것을-결코 막을 수는 없을 테니까."[75]

"고통 받아보지 않은 사람은 영적으로 성장할 수 없고, 참된 자아를 발견할 수도 없다." 미국 흑인 작가 제임스 볼드윈의 말입니다. 반면 흑인 여성 작가 벨 훅스는 "반드시 고통이라는 관문을 통과해야만 성장하는 것일까. 꼭 그렇지는 않을 거라고 생각한다"고 말합니다. "나는, 어린 시절에 불필요한 상처나 고통을 입은 적이 없고, 사랑의 부재 때문에 괴로워한 적도 없다고 말하는 사람을 만나면 매우 고맙고 기쁘기 그지없다. 그런 사람을 만나면 인생을 더 깊게 보기 위해 반드시 끔찍한 고통을 겪어야 하고 폭력이나 학대에 시달려야만 하는 건 아니라는 생각을 굳히게 된다."[76]

"고통 받는 비참한 신세를 축복으로 보는 것은 기괴한 일이지만, 고통 없는 사회라는 시각은 결코 실현될 수 없다." 미국 사회학자로 영국에서 활동하고 있는 리처드 세넷의 말입니다. "사회생활에서 어느 정도의 고통과 무질서를 의식적으로 회피하면 커다란 불의가 생겨나는 것으로 보인다."[77] 정녕 그렇다면, 고통을 예찬하지 않으면서 어느 정도의 고통을 불가피한 것으로 보는 걸 이해시키는 '고통학'이 필요한 건 아닌지 모르겠습니다.

"인생의 25퍼센트가 피할 수 없는 고통으로 이루어져 있다면 나머지 75퍼센트는 우리 자신이 만들어내는 것이다." 미국 심리학자 프랭크 매컬리스터의 말입니다. 자동차 접촉 사고가 났다고 가정해보지요. 이건 피할 수 없는 고통입니다. 하지만 이후 사람과의 관계에서 '자발적 고통'을 만들어내는 경우가 많습니다. "어떻게 그럴 수 있어? 말도 안 돼. 내가 왜 이런 일을 겪어야 하는 거야?"라는 식으로, '고통을 받는다는 사실 때문에 고통을 받는' 일이 벌어지는데, 이런 유형의 고통이 75퍼센트라는 겁니다.[78]

"나는 아무 편도 아니다. 나는 다만 고통 받는 자들의 편이다."[79] 소설가 김훈이 『남한산성』(2007)의 서문에서 한 말입니다. 감동적인 말입니다만, 고통을 주고받는 관계와 고통의 이유가 선명하게 규명되기 어렵다는 문제가 있겠지요. 여기에 장기적·단기적 고통, 직접적·간접적 고통이라는 변수까지 끼어들면 어느 편을 들어야 할지 난감할 때가 많은 게 삶의 현실입니다. 그렇긴 하지만, 그런 문제로 고민하는 사람이 얼마나 될까요? 고통의 가해와 피해가 분명할 때에도 힘이 센 쪽에 서려는 사람이 많은 게 현실 아닌가요?

14

자기애가 모든 치유의 본질이다

"자기 자신을 사랑하는 걸 잊지 마라." 덴마크 철학자 키르케고르의 말입니다. 아니 자기 자신을 사랑하지 않는 사람도 있단 말인가요? 그런 반문이 나올 법하지만, 의외로 자기 자신을 사랑하지 않는 사람이 많습니다. "자신을 돌보라Look after number one"라는 속담은 좀 다른 맥락에서 나온 것이긴 하지만, 행복의 제1계명으로서 손색이 없습니다. 자기 자신을 사랑하는 순간 행복의 반 이상은 거저 굴러떨어진 거나 다름없지요.

"자신과 사랑에 빠지는 것이야말로 평생의 로맨스

다."[80] 아일랜드 작가 오스카 와일드의 말입니다. 하지만 그게 좋은 것만은 아닙니다. 영국 작가 앤서니 파월이 말했듯이, "자기애는 보답받는 경우가 드문 것 같습니다". 그럼에도 자기애를 포기할 필요는 없습니다. 유대인으로 독일계 미국인 학자인 에리히 프롬의 다음 말을 새겨듣는 게 좋겠습니다. "인간으로서 이웃을 사랑하는 게 미덕이라면 나 자신을 사랑하는 것도 악덕이아닌 미덕이어야 한다. 나 역시 인간이기 때문이다."[81]

"자기애가 모든 치유의 본질이다." 미국의 암 전문의인 버니 시겔의 말입니다. 자기 자신을 사랑하기 위해선 '자기수용self-acceptance'이 필요한데, 이 또한 쉽지 않은 일입니다. 자기수용을 위해선 '있는 그대로의 자신'을 인정하고 그걸 긍정적으로 보려는 자세가 필요합니다. 미국 심리학자 로버트 홀덴은 "행복은 자신을 받아들이는 것, 즉 자신을 평가하는 것에서 벗어나는 것이다"고 말합니다.[82]

아닌 게 아니라 끊임없이 자신을 분석하고 평가해 스스로 자신을 못살게 구는 사람이 의외로 많습니다. 물론 자기 발전을 위한 노력이겠지만, 적당한 선에서 멈출 줄 알아야 합니다. 자기 발전을 꾀하더라도 일단 있는 그대로의 자신을 받아들이는 일부터 확실하게 해 두는 게 행복으로 가는 길이지요. 자기수용 수준이 높은 사람은 자기 능력과 현실에 대한 객관적 인식을 바탕으로 자신의 욕구, 단점, 감정, 충동 등을 받아들이기 때문에 자기 자신을 학대하거나 거부하지 않는다고 합니다.[83]

"매일 아침 거울을 보고 자신의 이름을 부르며 '사랑해'라고 말하라." 미국 작가 셰릴 리처드슨이 『극단적 자기 돌봄의 기술The Art of Extreme Self-Care』(2008)에서 자기애 강화 방법의 하나로 제시한 것입니다. 이에 대해 영국의 상담심리학자 재키 마슨은 "자신을 제대로 돌보는 행동에 '극단'이라는 말을 붙여야 할 만큼, 누군가는 그것을 위험하고 두려운 행동으로 받아들일 수도 있음을 보여준다"며 이렇게 말합니다.

"그냥 간단하게 '나는 좋은 사람이다'라고 말하는 것도 가능하다. 주문은 겉으로 소리 내어 말할 수도 있고 속으로 말할 수도 있지만, 최대한의 효과를 위해서는 거울 속의 자신을 똑바로 바라보며 가능한 한 자주 말해주는 것이 좋다."[84]

"자기 자신을 사랑하는 것을 배우는 것이 세상에서 가장 위대한 사랑이다." 미국 가수 휘트니 휴스턴의 노래 〈가장 위대한 사랑Greatest Love of All〉(1985)의 가사입니다. 캐나다 가수 저스틴 비버의 〈Love Yourself〉(2015), 방탄소년단의 〈Love Yourself〉(2018) 모두 자기애를 역설하고 있는 걸 보면, 자기애의 '과잉'보다는 '과소'로 고통 받고 있는 젊은이가 많다는 걸 알 수 있습니다. 시도하다가 실패해도 손해보거나 부작용 때문에 고생할 일은 없으니 "자기애가 모든 치유의 본질이다"는 말을 믿어보기로 합시다.

15

어떻게든 살아낸다

살아야 할 이유를 가진 사람은

"죽음이 어디에서 우리를 기다릴지 알 수 없다. 그러니 우리가 어디서든 그것을 기다리자!"[85] 프랑스 철학자 미셸 드 몽테뉴의 말입니다. 늘 죽음을 염두에 두고 기다리는 사람이 많아지면 세상은 좀더 살기 좋아질까요? 탐욕을 자제하고 다른 사람들에게 너그러워질까요?

불행하게도 심리학자들의 연구 결과는 정반대의 이야기를 들려줍니다. 사람들은 자신의 죽음을 떠올릴수록 공유하는 세계관에 매달림으로써 죽음의 위협을 피하려 든다는군요. 죽음을 앞둔 사람에게 남겨진 자식들이 큰 위안이 되듯이, 자신이 구성원이었던 공동체가 영속하리라는 것이 위안이 되며, 따라서 공동체의 영속을 위해 공동체 저해 행위는 강하게 응징해야 한다는 생각에 도달하게 된다는 겁니다.[86] 이걸 설명하는 이론을 가리켜 '공포 관리 이론terror management theory'이라고 하지요.[87] 참으로 안타까운 일이네요.

"5분 후 죽게 될 거라는 경고와 함께 그 5분 동안 가장 중요한 말을 하라고 한다면, 모든 전화기들은 사랑한다는 말로 넘쳐날 것이다."[88] 미국 소설가 크리스토퍼 몰리의 말입니다. 늘 세상 모든 사람이 그 5분간의 심정으로 세상을 살아간다면 좋겠습니다. 사랑의 홍수 사태가 좋기만 한 건 아니라는 반론이 있을까요? 그 어떤 문제가 있다 한들 사랑한다는 말이 넘쳐흐르는 세상에서 한번 살아보고 싶네요.

"증오하던 사람이 오늘밤 죽을 수도 있다는 것을 깨닫는 순간, 그에 대해 계속 화를 내거나 원망하는 마음을 지니기 어려워진다."[89] 미국 작가 리처드 칼슨의 말입니다. 미워하는 사람이 있다면, 상대방을 죽어가는 사람 대하듯 하라는 거지요. 꽤 그럴듯하긴 하지만, 상대방이 그걸 알아채면 좋아할 것 같진 않습니다. 그래도 그로 인해 화해가 흘러넘친다면 마다할 이유는 없겠지요.

 "'왜' 살아야 하는지를 아는 사람은 그 '어떤' 상황도 견뎌낼 수 있다." 독일 철학자 프리드리히 빌헬름 니체의 말입니다. 이 번역이 매끄럽지 않다면 "살아야 할 이유를 가진 사람은 어떻게든 살아낸다"고 해도 좋겠습니다. 나치의 강제수용소에서 죽음의 문턱을 넘나들었던, 오스트리아 정신분석학자 빅터 프랭클은 니체의 이 발언이 수감자들을 대상으로 심리 치료를 하려는 사람들에게 귀감이 되는 말이라고 했습니다.[90] 수감자들뿐이겠습니까? 상당한 인내가 필요할 정도로 어려운 시절을 살아가는 모든 사람에게 다 도움이 되는 말이 아닐까요?

 "사별한 사람들에게서 마음의 상처가 생긴 흔적을 찾아낼 수 없었다." 트라우마 연구 전문가인 미국 임상심리학자 조지 보나노의 연구 결과입니다. 사랑하는 사람이 죽었을 때 우리는 엄청난 충격을 받습니다. 그 충격은 상처가 되어 내내 우리를 괴롭히지요. 그런데 1990년대 초부터 사랑하는 사람과 사별한 사람들의 정서 반응을 연구해온 보나노는 실험을 통해 그런 통념을 반박하고 나섰습니다. 대부분의 사람은 사별 이후 몇 달 만에 원래의 생활로 돌아갔으며 놀라울 정도로 환경에 잘 적응했다는 것이지요. 보나노는 그 이유를 다음 과 같이 설명합니다.

"상실의 고통을 견뎌내는 것은 그다지 특별한 능력 이 아니다. 오히려, 역경 속에서도 번영해온 인류의 좀 더 보편적인 능력의 한 예인지도 모른다.……우리가 상 실에 잘 대처하는 것은 그럴 수 있도록 돕는 일련의 선 천적인 심리 과정이 마치 내부 설계라도 된 것처럼 갖 추어져 있기 때문이다."[91]

보나노는 그렇게 원 상태로 돌아가는 걸 가리켜 '회 복 탄력성resilience'이라고 했지요.[92] 휘었던 대나무가 되 튕겨 일어나듯, 눌렸던 용수철이 금방 튀어오르듯, 우 리 모두 슬픔과 고통에서 신속하게 벗어나 삶의 페이스 를 되찾으면 좋겠습니다. 우리는 그런 삶의 지혜를 가 리켜 "죽은 사람은 죽었어도 산 사람은 살아야 한다"고 말하지요.

16

나는 사람들의 광기를 계산하지는 못한다

"나는 천체의 운동을 계산할 수는 있어도 사람들의 광기를 계산하지는 못한다."[93] 영국 과학자 아이작 뉴턴의 말입니다. "정신병에 걸린 사람을 보기 위해 정신병원에 갈 필요는 없다. 지구는 우주의 정신병동이다." 독일 시인 요한 볼프강 괴테의 말입니다. 이 명언들이 시사하듯, 인류 역사엔 수많은 '광기의 시대'가 있었는데, 지금 이 시대는 그런 시대가 아니라고 자신 있게 말할 수 있을지 모르겠습니다.

"세상이 너나 할 것 없이 미쳐 돌아갈 때는 같이 미

친 척해야 한다."『대중의 미망과 광기』(1841)의 저자인
스코틀랜드 저널리스트 찰스 매케이가 1720년 영국에
서 벌어진 '사우스 시 버블South Sea Bubble'이라는 집단
적 투기 광기에 대해 당시 어떤 은행가의 말을 빌려 한
말입니다.[94] 물론 이 법칙은 오늘날에도 통용되는 철칙
이며, 이 점에서 인간은 지난 300년간 전혀 달라지지
않았습니다.

"우리가 모두 미쳤다는 걸 상기할 때에 미스터리는
사라지고 인생이 설명된다." 미국 작가 마크 트웨인의
말입니다. 모두가 미쳐 돌아갈 때에도 여전히 제정신을
간직하고 있는 사람은 모든 게 미스터리이고 자신의 인
생조차 설명하기 어려워집니다. 그러니 모두가 미쳤다
는 걸 상기하는 게 좋은 해법일 수 있겠지요.

"광기는 종종 올바른 정신의 과도함이 빚어내는 논
리다." 미국 대법관을 지낸 올리버 웬들 홈스의 말입니
다. 어떤 일에 대해 처음엔 올바르다고 믿고 남들도 그
렇게 생각하기 때문에 깊이 들어가다가 결국엔 과도한
수준으로까지 나아가게 됩니다. 그렇게 되면 수단의 정
당성에 대한 분별력이 사라지는데, 그런 상태를 우리는
광기라고 부르지요.

홈스는 '위대한 반대자'로 불린 인물입니다. 연방대법원조차 표현의 자유를 억압하던 시절에도 늘 반대 의견을 낸 탓에 붙여진 별명이지요. 남북전쟁에 참전했던 그는 전쟁이 끝난 후에 이데올로기에 집착하는 것보다 더 큰 폭력을 초래하는 것은 없다는 신념을 갖게 되었고, 30년간의 연방대법관 시절 내내 이 신념을 실천하는 결정을 내렸습니다.[95]

"광기란 개인에게는 예외가 되지만 집단에게는 규칙이 될 수 있다."[96] 독일 철학자 프리드리히 빌헬름 니체의 말입니다. 사실 개인보다는 집단이 자주 광기를 드러내지요. 모두가 미쳐 돌아가면 이상할 게 전혀 없기 때문에 자신들의 행위가 광기인지 아닌지조차 알기 어려워집니다. 집단이 광기를 부리더라도 부디 좋은 쪽의 광기가 되길 바랄 뿐입니다. 증오의 광기 대신 사랑의 광기가 집단에 나타나는 건 불가능한 일일까요?

"인간의 삶에서 말짱한 제정신보다 더 파괴적인 광기는 없다." 미국의 신문 경영자이자 정치가인 윌리엄 앨런 화이트의 말입니다. 세상이 미쳐 돌아갈 때에 말짱한 제정신을 갖기는 어려운 일입니다. 그럼에도 냉정을 유지할 수 있다면, 오히려 그게 바로 광기이며, 그것도 파괴적인 광기가 아니냐는 것이지요.

"나는 미쳤지만, 그것이 내가 잘못되었다는 걸 의미
하는 건 아니다." 미국 작가 로버트 윌슨의 말입니다.
미친 사람이 자신이 미쳤다는 걸 알 수 있나요? 그렇다
면 미친 게 아닙니다. 하지만 윌슨은 자신의 광기를 인
정하면서도 그게 잘못된 건 아니라고 말합니다. 하긴
광기엔 알면서 발산하는 '통제 가능한 광기'도 있습니
다. 그런 광기를 발휘하는 데엔 대단한 용기와 더불어
차분한 자제력이 필요한 법이지요.

17

내가 너를 얼마나 좋아하는지 너는 몰라도 된다

"사랑은 신에 의해 제공되고 인간의 상상력에 의해 꾸며지는 캔버스다." 프랑스 철학자 볼테르의 말입니다. "우리는 우리가 사랑하는 것에 의해 형성되고 변형된다." 독일 시인 요한 볼프강 괴테의 말입니다. "최고의 행복은 사랑받고 있다는 확신에서 온다. '-이기 때문에'가 아니라 '-에도 불구하고' 사랑받고 있다는 확신이 바로 그것이다."[97] 프랑스 작가 빅토르 위고의 말입니다. 모두 다 아름다운 말일망정, 너무 현실과 동떨어진 추상의 세계에서만 노는 것 같다는 생각이 드네요.

"격렬한 사랑과 격렬한 미움은 같은 사람의 마음속에서 동시에 발견되는 경우가 많다."[98] 정신분석의 창시자인 오스트리아 정신병리학자 지그문트 프로이트가 가장 쉽게 관찰할 수 있고 가장 이해하기 쉬운 '양가감정兩價感情, ambivalence'의 예라며 한 말입니다. 언제든 미움으로 뒤집어질 수 있는 사랑의 취약성이 오히려 사랑을 맹목으로 치닫게 만드는 건 아닐까요?

"사랑스러운 것이 사랑스러운 것이다. 다시 말해 나는 당신이 사랑스럽기 때문에 사랑한다. 나는 당신을 사랑하기 때문에 당신을 사랑한다." 프랑스 철학자 롤랑 바르트의 말입니다. 그렇습니다. 그의 말마따나 "사랑스럽다는 말은 언어의 피로가 남긴 헛된 자취"로 동어반복同語反覆이지만,[99] 우리는 그 어떤 정체를 규명하기 위해 사랑을 하는 건 아니므로 그게 문제될 건 없습니다.

"로맨스는 일상의 먼지를 금빛 아지랑이로 바꾸는 마법이다."[100] 미국 작가 아만다 크로스의 말입니다. 미국 가수 닐 세데카의 노래 〈당신은 나의 모든 것이에요 You Mean Everything To Me〉는 그 마법을 노래로 증거하고 있지요. "내가 전에 어떻게 살았는지 나는 몰라요. 당신은 나의 인생이며, 나의 운명이에요. 당신은 나의 모든 것이에요. 당신이 만일 멀리 가버리면 외롭고 서글픈 눈물만 나올 거예요. 하늘에 태양은 결코 다시 빛을 발하지 못할 거예요. 하늘엔 눈물방울만 남아 있을 거예요."

"가난한 사회에서는 남편이 아내에게 장미 한 송이로 사랑한다는 것을 증명할 수 있지만, 부유한 사회에서는 장미 열두 송이가 필요하다."[101] 영국 경제학자 리처드 레이어드의 말입니다. 사랑의 마법에 찬물을 끼얹는 말로 들릴 수도 있겠지만, 마법이 풀린 이후엔 그런 일이 일어나게 되어 있다는 걸 미리 알아두는 것도 나쁠 건 없겠습니다.

"내가 너를 얼마나 좋아하는지 너는 몰라도 된다."[102] 시인 나태주의 시 〈내가 너를〉에 나오는 말입니다. 이게 웬 말인가요? 사랑을 하는 사람이면 누구나 자기 사랑을 알아달라고 호소하거나 절규를 하는 데 말입니다. 그 이유는 이렇습니다. "너를 좋아하는 마음은 오로지 나의 것이요, 나의 그리움은 나 혼자만의 것으로도 차고 넘치니까. 나는 이제 너 없이도 너를 좋아할 수 있다." 이는 거절에 대한 두려움에 사로잡힌 겁쟁이의 사랑법이라고 할 수도 있겠지만, 결코 실패가 없는 영원한 사랑법인 건 분명합니다.

"당신을 사랑하지 않게 제발 나를 도와주세요Please Help Me, I'm Falling." 미국 가수 행크 로클린의 1960년 히트곡 제목입니다. "유혹의 문을 닫아요, 내가 걸어 지나가지 못하게 하세요/나에게서 돌아서서 멀리 가세요, 나는 당신에게 빌어요/제발 나를 도와주세요, 나는 당신에게 사랑에 빠지고 있어요/나는 사랑이 식어가고 있는 다른 사람의 애인이에요/하지만 나는 영원히 변치 않겠다고 약속했어요."

사랑 또는 신의의 양심선언이라고나 할까요? 그러나 이런 선언을 했다는 건 이미 유혹에 넘어갔다는 걸 의미하는 게 아닐까요? "하지만 제 첫사랑이 저를 다시 부르면 어떡하죠?" 드라마 〈겨울연가〉(2002)에 등장한 대사입니다. 낯간지럽고, 당하는 입장에선 온몸을 부르르 떨어야 할 배신 멘트지만, 전율을 잃어버린 현대인에게 뜨겁고 격렬한 사랑, 그리고 세월이 흐른 후에도 오래 지속되는 사랑은 반드시 창조되어야만 할 그 무엇입니다. 사랑엔 수많은 장애가 있지만, 그 가운데 가장 골치 아픈 건 신의와 충돌할 경우일 겁니다.

18

사람들이 쇼핑 대신 섹스에 몰두하면 경제는 망한다

"필요하지 않을 때는 너무나 귀찮게 방해를 하고, 가장 필요할 때는 너무나 짜증나게 실망시킨다." 프랑스 사상가 미셸 몽테뉴의 말입니다. 자신의 성기性器에 대해 절망적으로 한 말이지만, 그는 사상가답게 이런 고상한 철학적 의미를 이끌어내는군요. "우리 몸 중 한 군데라도 우리의 의지에 따라 일하기를 거부하지 않는 부분이 있는지, 그리고 의지와 반대되는 방향으로 작용하지 않는 부분이 있는지 생각해보라."[103] 어디 성기뿐일까요? 과연 내가 내 몸의 주인인가 하는 의심이 들 정도로 의지를 따르지 않는 것이 너무 많지요.

"성적 갈망은 남녀가 쓰고 있던 사회적 가면을 갑자기 벗겨내어 두 사람의 예의바른 행동 아래 감추어져 있던 놀라운 동물적 측면을 드러냄으로써 삶의 매끄러운 일상을 격렬하게 무너뜨린다."[104] 오스트리아 작가 로버트 무질의 말입니다. 바로 이런 이유 때문에 우리 인간은 '문명'이라는 이름으로 이런 성적 갈망을 강하게 통제해왔지요.

"새로운 산업주의는 일부일처제를 필요로 한다." 이탈리아의 사상가이자 공산주의 이론가인 안토니오 그람시의 말입니다. "노동자들이 무질서하고 자극적인 방식으로 아무 때나 성적 만족을 추구하는 데 에너지를 낭비하지 않아야 한다. '무절제'한 밤을 보내고 출근하는 노동자는 일터에서 능력을 발휘할 수 없다. 격정적인 하룻밤의 날아갈 듯한 기분은 가장 완벽하게 자동화된 생산 라인의 규칙적인 움직임과 함께 갈 수 없다."[105]

"사회는 경제적 질서에 필요한 규율을 만들기 위해 성욕을 통제한다." 독일 출신의 미국 철학자 허버트 마르쿠제가 『에로스와 문명』(1955)에서 한 말입니다. "성욕에 대한 제약이 타당해 보일수록 그 제약은 더 보편적이 되고, 그럴수록 그 제약은 점점 더 사회 전체로 스며든다. 이 제약들은 객관적인 목표와 내재화된 힘이 되어 개인에게 영향을 미친다."[106] 즉, 생산성과 효율성이라는 이상을 위해 우리는 쾌락, 특히 성적 쾌락을 상당 부분 희생하도록 요구받는다는 것이지요.

"시민들이 쇼핑 대신 섹스에 몰두하면 경제는 곧 멈추고 말 것이다." 미국 문화비평가 로라 키프니스의 말입니다. 캐나다 영문학자 마리 루티는 이 말을 받아 이렇게 주장합니다. "마찬가지로 아내들이 자주 섹스한다면-또는 침실 밖에서 섹스한다면-결혼제도가 마비되고 말 것이다. 전통적인 결혼의 이상을 지키는 데 성적으로 억압된 여성보다 더 중요한 것은 없다."[107]

그러나 겉으로만 그렇게 보일 뿐, 사람들은 어떤 식으로건 결혼제도의 틀 안에서 그런 통제를 벗어나는 데에 비상한 능력을 발휘해왔지요. 공식적인 통계는 없지만, 그 점에서 한국은 세계에서 가장 앞서가는 나라일 가능성이 높습니다. 방대한 국토를 갖고 있는 나라도 아니면서 웬 모텔이 그리도 많은지요.

"미국인들의 두 세대는 자신의 포드자동차 점화 코일에 대해 아는 것이 클리토리스에 대해 아는 것보다 더 많다.……이 시기의 아이들은 대부분 포드 T 모델 안에서 만들어졌다."[108] 미국 작가 존 스타인벡이 소설 『통조림공장 마을』(1945)에서 한 말입니다. 자동차가 사람들의 눈을 피할 수 있는 '이동 침대' 역할을 함으로써 '성 혁명'이라고 해도 좋을 정도로 자유로운 성관계를 폭증시킨 걸 두고 한 말이지요.

"섹스를 하는 것은 피자를 주문하는 것과 같은 일이기에 당신은 지금이라도 당장 온라인으로 접속해 성기를 주문할 수 있다." 영국 작가 에밀리 더벌리가 『가벼운 만남: 여성들의 캐주얼 섹스를 위한 가이드』(2005)에서 한 말입니다. 실제로 이런 섹스를 위한 웹사이트들은 "오늘밤엔 진짜 섹스 파트너를 만나세요!"라거나 "당신이 무엇을 원하든 바로 당신이 원할 때 하세요!"라는 슬로건으로 섹스에 목마른 사람들을 끌어들입니다.[109] 물론 한국도 이런 캐주얼 섹스에선 결코 뒤지지 않는 나라지요. 하지만 사람들이 쇼핑 대신 섹스에 몰두하면 경제는 망한다고 하니, 지속가능한 섹스를 위해서라도 적당히 하는 게 좋겠습니다.

19

돈이 없으면 다른 오감을 사용할 수 없다

"돈은 제 육감六感과 같다. 돈이 없으면 다른 오감五感을 사용할 수 없다." 영국 작가 W. 서머싯 몸의 말입니다. 그렇지요. 오감을 궁핍한 상태에서 사용하느냐 아니면 풍요롭게 사용하느냐엔 돈이 큰 영향을 미칩니다. 하지만 그게 전부라고 말할 필요는 없을 것 같네요. "이왕이면 다홍치마"라는 이치에 따라 돈은 다다익선多多益善일수 있겠지만, 우리 인간에겐 돈에서 비교적 자유로운 오감의 기능도 있으니까 말입니다. 이렇게라도 자위하고 살아야지 어쩌겠습니까?

"돈에 관한 지나친 대범함은 상대방을 왜소하게 만들고 그 나름의 노력에 대한 자부심을 흔적도 없이 덮어버리기 때문에 그 사람의 존엄성을 위험에 빠뜨릴 수 있다."[110] 독일 철학자 페터 비에리의 말입니다. 관대함엔 '파괴적인 관대함'이라는 게 있는데, 그것은 거만함의 표현이기 때문에 받는 사람은 매우 불편하다는 이야기죠. 돈 주고 욕먹는다는 게 바로 이런 경우일 겁니다. 그러나 사정이 절박한 사람의 처지에선 '존엄성'은 따질 겨를이 없는 사치가 아닐까요?

"사람들이 섹스만큼이나 감추려고 하는 주제가 돈이다." 미국 작가 내털리 골드버그의 말입니다. "사람들은 대개 가장 멋지고 환상적인 섹스나 첫 섹스, 마지막 섹스의 경험을 이야기한 뒤에야 은행에 돈이 얼마나 있는지를 털어놓는다. 돈을 얼마나 벌고 유산을 얼마나 받았는지 털어놓는 것을 자신의 마지막 방어선을 노출하는 것처럼 생각하는 것 같다. 이 비밀을 누설하면 나의 보호막은 사라진다, 차라리 군대와 탱크를 불러들이는 게 낫겠다, 이렇게 말이다."[111]

그런가 하면 돈이 좀 있는 사람들 중에는 자신의 돈에 관해 이야기하고 싶어 안달하는 사람들도 있지요.

영국의 정치가이자 언론재벌인 윌리엄 맥스웰 에이킨의 다음 말도 그렇게 이해해야 할까요? "나는 자신의 재산 규모를 감추는 사람을 혐오한다. 그건 인명사전에서 생년월일을 빠트리는 것처럼 고약한 짓이다."[112] 아무래도 공정 과세와 같은 사회정의를 위해 그런 것 같진 않습니다.

"돈으로 행복을 살 수는 없다. 하지만 그것으로 최소한 안락하게 지낼 수는 있다." 미국 금융 전문가 윌리엄 번스타인이 『부의 탄생』(2004)에서 자신의 어머니인 릴리언 번스타인의 말이라며 소개한 것입니다.[113] 너무도 뻔한 말이지만, 지식인들의 입에선 이런 말을 듣기가 쉽지 않지요. 돈에 관한 한, 보통 사람들의 말에 귀를 기울이는 게 더 나을 것 같네요.

"저는 결코 돈으로 행복을 살 수 있다고는 말하지 않습니다. 실제로 그럴 수도 없구요. 그렇지만 저는 돈이 없으면 삶이 비참해진다고는 자신 있게 말하고 싶어요." 미국의 재테크 상담 전문가인 수지 오만의 말입니다. 그는 이런 말도 했지요. "모든 기혼자의 이혼 사유 1위는 돈 문제입니다. 두 사람 중 한 사람이 이혼을 하고야 말지요. 그래서 우리는 돈 문제에 대해 서로 잘 알 필요가 있습니다. 우리 인생의 다른 모든 것뿐만 아니라 말하고 싶지 않은 것에 대해서도 말해야 합니다."

오만의 베스트셀러엔 『벌었으면 잃지 마라』(1995), 『부자가 될 용기』(1999), 『부자가 되는 길』(2001) 등이 있습니다. 금융계의 재테크 전문가들은 그의 재테크 이론이 인간 의지를 너무 강조한다며 비웃지만, 보통 사람들은 그의 주장에 더 귀를 기울이고 있다네요.[114]

여러 재테크 책을 쓴 베스트셀러 작가인 동시에 재테크 방송프로그램 진행자로도 활약하고 있는 오만은 억만장자가 되었음에도 자신이 식당 웨이트리스로 일할 때 산 작은 집에서 살고 10년 넘은 차를 굴리는 등 '짠순이'로 유명합니다. 하지만 돈을 의인화하면서 숭배하는 듯한 그의 주장들에 다소 거부감이 드는 건 어쩔 수 없습니다.[115] 아직 돈으로 인한 세상 쓴맛을 보지 못했기 때문일까요?

20

절대 권력은
절대 부패한다

영국 정치인이자 역사가인 액턴 경은 "권력은 부패하며, 절대 권력은 절대 부패한다"고 했습니다. 물론 반론도 있습니다. 영국 작가 조지 버나드 쇼는 "권력은 인간을 타락시키지 않는다. 그러나 어리석은 자들은 권력을 갖게 되면 권력을 타락시킨다"고 했고, 미국 작가 존 스타인벡은 "권력은 부패하지 않는다. 두려움, 아마도 권력을 잃을지도 모른다는 두려움이 부패한다"고 했습니다.[116]

하지만 권력을 추구하는 사람들 중 어리석은 자가

다수이고 현명한 자가 극소수라면, 그리고 대부분의 권력자들이 권력을 잃을지도 모른다는 두려움에 떨고 있다면, 어찌 보아야 할까요? 권력이 인간을 타락시킨다고 보아도 무방하지 않을까요? 권력이 무섭다는 건 권력 행사의 결과를 두고서 하는 말만은 아닙니다. 인간을 타락시키는 힘, 그게 더 무서운 것이지요.

'권력 부패론'에 대한 반론이 나오는 건 권력이 필요악必要惡이기 때문일 겁니다. 미국 심리학자 로버트 무어가 그걸 잘 설명했지요. "권력에 대한 욕망을 제거하는 것이 급선무는 아니다. 정작 중요한 일은 그 욕망이 생명을 창조하고 세계를 건설하는 데 유용하게 쓰이도록 지켜보는 일이다."[117] 즉, 선하게 쓰이는 권력을 통해 할 수 있는 일이 너무 많기 때문에 결코 권력을 포기할 수는 없다는 논리입니다. 비록 그렇게 쓰일 확률이 낮을지라도, 그 꿈마저 포기할 수는 없다는 것이지요.

그럼에도 우리는 자주 권력을 선하게 쓸 것으로 믿고 지지했던 권력자들마저 '권력의 주인'이라기보다는 '권력의 노예'가 되는 모습에 절망합니다. 아일랜드 작가 오스카 와일드의 말마따나, "권력은 치사한 것입니다". 실제로 권력을 접하거나 상대할 일이 있는 사람들이 한결같이 하는 말이 있습니다. 그건 바로 "권력이 치사하고 더럽다"는 것입니다. 그럼에도, 아니 오히려 그렇기 때문에, 우리는 권력을 탐하는 것인지도 모르겠습니다.

권력이 없고 권력을 가질 뜻도 없는 사람들은 '권력을 잃을지도 모른다는 두려움'을 이해하기 어렵겠지만, 경험자들의 말을 들어보면 그건 피하기 어려운, 권력의 마술인 것 같습니다. 2013년 9월 전 호주 총리 줄리아 길라드가 3개월 전 실권失權 당시 받은 충격을 영국 『가디언』의 호주판에 실린 특별 기고문에서 처음으로 털어놓아 화제가 된 적이 있지요. 그는 "권력을 잃은 극심한 고통은 육체적·정서적으로 전해진다. 나 스스로 건재하다고 느끼다가도 타인이 위로를 건넬 때건, 찬장 구석에서 기념품을 발견했을 때건, 농담할 때건, 주먹으로 가격당하는 듯한 갑작스러운 아픔이 튀어나온다"고 말했지요.[118]

세상을 자기 뜻대로 바꿔보겠다는 열정도 권력욕이라는 걸 깨닫지 못하는 경우도 있지만, 그것보다는 자신에게 권력은 열정을 실현하기 위한 '도구'일 뿐 '목적'은 아니라는 생각이 그런 착각을 지속시킵니다. 윤리와 염치가 실종되는 이유도 바로 여기에 있지요. 자신을 정의로 간주하기 때문에 모든 걸 자기 위주로 생각하고 판단하기 쉽습니다. 모든 혁명과 개혁의 타락은 바로 그런 착각에서 연유하지요.

영국 사상가 토머스 홉스가 갈파했듯이, "권력을 쉬지 않고 영원히 추구하는 것이 인간의 일반적인 경향이며, 이런 권력 욕구는 오직 죽어서만 멈춘다." 미국의 신학자이자 정치학자인 라인홀드 니부어도 "개인이 대의大義나 공동체에 헌신하기 위해 자신의 모든 걸 바칠 때조차도 권력에 대한 의지는 여전히 갖고 있다"고 했지요.[119]

둘 다 누구나 다 명심해야 할 금언이지만, "나는 예외다"는 생각이 권력의 그런 속성을 외면하게 만듭니다. 특히 자신이 이타적이라고 믿는 사람들이 그런 착각을 많이 하는 경향이 있습니다. 겉으로 나타나는 방식이 어떠하건 권력욕 또는 권력의지는 우리 인간의 본성이라는 걸 깨닫는 성찰 능력이 필요한 것 같네요.

21

외로움에 가장 좋은 약은 고독이다

"자기 자신 속에 모든 것을 간직할 수 있는 사람만이 행복을 누릴 수 있다."[120] 고대 로마의 철학자 키케로의 말입니다. 키케로는 '고독'을 말한 걸까요? 꼭 그렇게 보긴 어렵습니다. 고독은 중세 이후에 발전된 개념이기 때문입니다. 프랑스 역사학자 조르주 뒤비는 중세 사회는 사람들이 무리를 지어 사는 군집 사회였다며, 다음과 같이 말합니다.

"한 침대에서 여러 명이 함께 잠을 잤으며, 집의 내부에는 벽다운 벽은 없었고 그저 장막이 쳐 있을 뿐이었다. 혼자서 외출하는 법도 없었으며, 혼자 돌아다니는 사람이 있다면 그런 사람은 경계의 대상이었다. 미친 사람이거나 범죄자였다. 이런 식의 생활은 사람을 구속하는 동시에 안도감은 부여하는 것이었다. 자신의 죄를 속죄받기 위해 숲에 은둔하는 사람들은 성자聖者로 간주되었다. 고독하게 사는 것은 아주 대단한 용기를 필요로 하는 행위였기 때문이다."121

"고독은 뛰어난 인물들에게 찾아오는 운명이다." 독일 철학자 아르투어 쇼펜하우어의 말입니다. "사람들과 만나기를 피하고 고독을 즐긴다는 것은 쉬운 일이 아니다"며 한 말이지요. 그런데 왜 그렇다는 걸까요? "혼자 있을 때 마음의 그릇이 작은 사람은 자신의 무능과 무가치를 느끼지만 뛰어난 사람들은 자신의 위대성을 더 뚜렷이 느끼게 된다. 따라서 뛰어난 사람들은 고독해지거나 혼자 있을 때 비로소 참된 자기를 깨닫게 된다."122

"우리는 조용히 홀로 있을 때면 누군가 귀에 대고 무언가를 속삭일까봐 두려워하며, 침묵을 싫어하고 사회적 삶이라는 약에 탐닉한다."123 독일 철학자 프리드리히 빌헬름 니체의 말입니다. "낯선 곳 한가운데서도 고독은 우리에게 안식과 힘을 주나니 고독 속에서 우리의 모든 길을 찾을 것이다."[124] 독일 시인 라이너 마리아 릴케의 말입니다. 이렇듯 고독 예찬론자들 중엔, 유럽, 그것도 독일인이 많은 것 같습니다.

"창조적인 고독을 발견하는 일, 이것은 미국에 꼭 필요한 일이다." 미국 시인 칼 샌드버그의 말입니다. 오죽하면 이런 말이 나왔을까요. 미국인들은 그 어느 나라 국민들보다 고독을 싫어하니 말입니다. 샌드버그에 앞서 작가 조시 빌링스는 "고독은 이따금씩 방문하기는 좋지만 머물기에는 좋지 않은 것이다"고 했고,[125] 작가 에리카 종은 이렇게 선언하기에 이르렀습니다. "고독은 비非미국적이다Solitude is un-American."

그렇다고 해서 미국인들이 고독을 완전히 외면하는 건 아닙니다. '자기계발용 고독'이란 게 있기 때문이지요. "고독은 훈련이 필요하다." 미국의 자기계발 전문가 브라이언 트레이시의 말입니다. 그는 '전략적으로 생각하는 법'을 실천하기 위해선 규칙적으로 고독을 연습하는 것이 필요하다고 역설합니다. "고독 연습은 꽤 간단하다. 음악이나 산만하게 하는 방해 요소들이 없는 곳에서, 최소 30분에서 60분간 혼자 조용히, 소리 내거나 움직이지 않고 앉아만 있으면 된다. 공원처럼 소음이 없는 자연 속에 조용히 혼자 앉아 있어도 좋다."[126]

　"외로움에 가장 좋은 약은 고독이다." 미국 시인 매
리앤 무어의 말입니다. 고독과 외로움은 어떻게 다를까
요? 미국 정신분석가 제임스 홀리스에 따르면, "고독은
우리가 온전히 자기 자신에게만 집중하는 정신 상태"
를 말합니다.[127] 물론 외로움은 그렇지 않지요. 오히려
밖에 집중합니다. 그러니 견디기 어려워지는 것이지요.
고독이건 외로움이건, 피할 수 있다면 피하는 게 좋지
않을까요? 물론 위대해지고 싶다면 고독을 껴안아야겠
지만 말입니다.

22

권태에 빠진 사람은 미니 콜로세움을 만든다

"권태는 옅어진 고통이다." 독일 작가 에른스트 윙거의 말입니다. 슈테판 클라인은 『행복의 공식』(2002)에서 이 말을 긍정하면서 권태를 호기심의 문제와 연결시킵니다. "카사노바는 호기심에 내몰리는 인간의 극단적인 유형을 보여준다. 그러나 새로운 것에 대한 갈망은 우리 모두에게 내재해 있다. 변화가 없는 곳에는 권태가 똬리를 튼다. 그리고 권태야말로 가장 견디기 힘든 고통 중 하나이다."128

권태를 벗어나려는 몸부림에서 우선시 되는 것은 일

이나 물건의 유용성이 아니라 뭔가 새로운 것을 경험하고 느낄 수 있느냐의 여부라고 합니다. 그렇다면, 최근 한국에 불고 있는 해외여행 열풍은 바로 그런 몸부림은 아닐까요? 피곤에 찌든 몸의 재충전을 위해 하는 여행일망정, 권태는 피곤하지 않은 사람들에게만 나타나는 건 아니니까 말입니다.

"권태는 좌절감의 다른 이름이다."[129] 미국 비평가 수전 손태그의 말입니다. 그렇게 볼 수도 있겠습니다. 만족의 끝을 추구하다 보면 도저히 이룰 수 없는 일도 생겨날 것이고, 그래서 좌절하면서 권태로워지는 것도 가능하지 않겠느냐는 것이지요.

"권태에 빠진 사람은 종종 '미니 콜로세움'을 만든다." 유대인으로 독일계 미국 학자인 에리히 프롬의 말입니다. 그는 폭력을 수동적으로 즐기는 것이나 사디즘적인 또는 매우 파괴적인 행동으로 즉각적인 잔인성을 보이는 것이나 "양적인 차이만 있지 별다를 바가 없다"고 경고합니다. 과거 로마 시대에 온갖 잔학성을 경기장 위에서 펼쳐놓았듯이 권태에 빠진 사람 역시 마음속에 미니 콜로세움을 만들어 자신만의 잔학성을 행사하려고 한다는 것입니다.[130]

1999년 4월 20일 미국 콜로라도주 리틀톤시 컬럼바인고등학교에선 두 학생이 총을 난사해 학생 12명과 교사 1명이 사망하는 참사가 벌어졌습니다. 그로부터 한 달 후인 5월 20일 유사한 총기 사건이 조지아주에 있는 헤리티지고등학교에서 일어나 학생 6명이 부상을 당했습니다. 미국 경제학자 티보 스키토프스키는 이 두 비극의 궁극적인 원인을 권태에서 찾았습니다. "배고픔과 권태의 가장 큰 차이는 배고픔이 음식으로 쉽게 해소될 수 있는 데 반해, 대부분의 평화로운 권태 해소 방법은 음악이나 미술 등과 같이 배우는 데 특별한 기술을 요구한다는 것이다."[131]

2019년 5월 알려진, 독일은 물론 전 세계를 경악시킨 독일 최악의 연쇄 살인 사건을 기억하시나요? 1999년부터 2005년까지 독일의 병원에서 간호사로 일하며 최소 환자 106명을 약물로 살해한 연쇄살인마 닐스 회겔의 살해 이유도 권태 때문인 것으로 밝혀졌습니다.[132] 권태를 풍요에 지친 사람들의 사치쯤으로 여겼던 사람들에겐 놀라운 일이었습니다. 권태를 좀더 무섭게 대해야 할 것 같네요. 하지만 모든 권태가 다 그런 건 아닙니다.

국문학자이자 작가인 마광수는 『행복 철학』(2014)에서 권태를 유발하는 게으름을 찬양하면서 "권태는 변태를 낳고 변태는 창조를 낳는다"고 주장합니다. 왜 그렇다는 걸까요? "권태롭지 않으면 기존의 도덕률에 묶여 새로운 자신만의 주체적 판단력을 갖기 어렵다. 기존의 상식과 윤리를 벗어날 수 있어야만 진정으로 행복해질 수 있다."[133]

하지만 '주체적 판단력'은 행복의 장애가 되기도 합니다. 마광수도 바로 그런 주체적 판단력 때문에 '음란'과 관련된 시대착오적인 필화 사건으로 인해 몹시 불행한 시간을 오랫동안 겪어야 했습니다. 혹 그에 대한 탄압은 탄압을 가했던 사람들이 권태를 견디지 못해 세운 '미니 콜로세움'은 아니었을까요?

23

"여성들이 사랑하거나 아니면 그저 의존하는 남성에게서 가장 발견하고 싶지 않은 것은 용기의 부족이다." 폴란드 출신의 영국 소설가 조지프 콘래드의 말입니다. 미국 인류학자 헬렌 피셔의 해설을 들어볼까요? "수백만 년 동안 여성들은 자신을 보호해주고 부양해줄 남자들을 선택해왔다. 이런 식으로 자연도태의 끝없는 과정을 거치면서 남성들은 기사도적이면서도 한편으로는 호전적인 기질을 발전시켰다."[134]

진화의 역사가 그렇긴 하지만, 콘래드의 말을 곧이

곧대로 믿을 건 아니지요. 20년간 선원船員 생활을 했던 콘래드의 세계관은 배 중심으로 형성되었으니 말입니다. 배는 여러 기능이 모여 위계 구조를 이루고 있는 하나의 유기적 공동체로서 선원들의 꿋꿋한 단결에 의해 움직이지요. 그런 유기론적 전통의 신봉자였던 콘래드는 일, 의무, 성실성, 금욕적 순종 등과 같은 가치들을 소중히 여겼습니다.[135] 이런 세계관에서 용기 없는 남성은 최악이지요. 하지만 여성들은 어떤 유형의 용기냐를 섬세하게 따지니, 무턱대고 호전적인 용기를 보였다간 오히려 일을 그르치는 수가 있습니다.

"용기란 두려움의 부재가 아니라 두려움에 대한 저항이자 두려움의 정복이다." 미국 작가 마크 트웨인의 말입니다. "용기야말로 인간을 위대하게 만드는 것이다."[136] 프랑스 정치가 조르주 클레망소의 말입니다. "성공이 종착역이 아니듯 실패가 끝이 아니다. 중요한 것은 끈질긴 용기다." 영국 정치가 윈스턴 처칠의 말입니다. 그는 이런 말도 남겼습니다. "용기는 인간의 여러 가지 속성 중에서 으뜸가는 것으로 평가받는다. 이는 다른 모든 속성들의 근거가 되기 때문이다."[137]

이렇듯 용기를 예찬하는 명언은 많지만, 오래전부터

용기에 대해 의문을 품거나 용기의 정의를 새롭게 내린 사람들도 있었습니다. 우선 개인의 용기인가, 집단의 용기인가 하는 점을 따져볼 필요가 있겠습니다. "한 집단으로서의 국민은 용감하나 개별적으로는 비겁하고 유약하다."[138] 이탈리아 사상가 니콜로 마키아벨리가 『군주론』(1513)에서 한 말입니다. 패거리의 심리적 보호막 속에서 용감해지는 사람이 너무 많습니다. 그건 용기가 아니며, 행패나 폭력으로 흐르기 쉽지요.

"사람들은 권태 때문에 용감해진다." 프랑스 사상가 블레즈 파스칼의 말입니다. 그는 용기는 미덕이 아니며 도덕과는 아무런 상관이 없다고 했지요. 볼테르는 "용기란 미덕이 아니며, 악당이든 위인이든 공통적으로 가지고 있는 하나의 성질이다"고 했지요. 지그문트 프로이트는 "용기가 미덕일까?"라는 질문을 던지면서 용기는 무의식적인 것이 아닌가 하는 의문을 품었습니다.[139]

"권위주의적 성격이 가지는 용기란 본질적으로 숙명이라든지 그 사사로운 대표자라든지 또는 '지도자' 등이 예정해놓은 것을 참아가는 용기이다." 유대인으로 독일계 미국 학자인 에리히 프롬이 『자유로부터의 도피Escape from Freedom』(1941)에서 한 말입니다. "아무 불평 없이 참아가는 것이 그의 최고의 미덕이다. 그것은 그 괴로움을 그치게 한다든지 또는 그것을 감소시키는 용기는 아니다. 숙명을 바꾸지 않고 이것에 복종하는 일이 즉 권위주의적 성격의 영웅주의이다. 권위주의적 성격은 권위가 강하고 위엄과 무게가 있는 한 그것을 믿고 있다."[140]

이렇듯 용기의 얼굴은 다양합니다. 그래서 미국 작가 채닝 폴록의 말처럼, "땅콩 한 알을 먹은 뒤 멈출 수 있는 사람보다 더 용기 있는 사람은 없다"는 주장 또는 유머도 얼마든지 가능해지지요. 권태나 복종심보다는 더 나은 이유들로 인해 용감해지는 사람이 많아지면 좋겠습니다.

24

"현대 인권에서 말하는 양심conscience의 어원은 '자신이 알고 있는 바scientia'를 '함께 나누다con'라는 라틴어에서 왔다. 함께 나눈다는 말도 누구와 나눈다는 것인지 명확하진 않지만 '자기 자신과 나눈다'는 뜻으로 보통 해석한다. 요컨대 양심의 원뜻은 '스스로와 나누는 도덕적 성찰'인 것이다."[141] 성공회대학교 교수 조효제의 말입니다. 그래서 "양심은 영혼의 음성이다"는 격언처럼 양심을 '스스로와 나누는 도덕적 성찰'로 표현한 명언이 많지요.

"양심은 관찰자들의 덕목일 뿐 행동하는 사람의 덕목은 아니다."[142] 독일 시인 요한 볼프강 괴테의 말입니다. 의미심장한 말이네요. 우리는 관찰자일 땐 누구나 다 양심적이지만, 행동을 할 때엔 양심을 다른 기준으로 대하는 경우가 많습니다. 하지만 그렇다고 양심을 물리치는 게 쉽진 않지요. 인도 지도자 마하트마 간디의 다음 말은 우리의 일상적 삶에도 적용되어야 하지 않을까요? "이 세상에서 내가 순응하는 유일한 폭군은 양심의 속삭임이다."

"양심 없는 용기는 야수와 같다." 미국 정치인 로버트 그린 잉거솔의 말입니다. 그렇습니다. 용기라는 말을 좋은 의미로 쓰려면 용기는 반드시 양심을 내포하는 개념이라고 정의해야 할 것 같습니다.

"양심은 끊임없이 방문하는 시어머니(장모)다." 미국 저널리스트 헨리 루이 멩켄의 말입니다. 웃자고 하는 말이겠지만, 은근히 뼈가 있습니다. 무슨 일을 할 때에 슬그머니 찾아오는 양심의 방문이 달갑지 않을 때가 있지 않은가요?

"양심의 가책은 걸을 때 신발 속에서 거치적거리는

작은 돌멩이와 같다." 프랑스 철학자 베르트랑 베르줄리의 말입니다. "따라서 양심 때문에 거북해하는 것은 고결한 일이다. 양심이 신발을 신고 편안해하는 걸 가로막는 자갈이 될 때, 그 양심 덕에 우리는 이런저런 의문들을 제기하게 되고, 자기 자신을 돌아봄으로써 무언가를 해야 한다고 의식하게 된다."[143] 원칙적으론 그렇지만, 양심에도 양심을 점점 무뎌지게 만드는 내성耐性이 있는 게 아닌가 하는 생각이 들 때가 많습니다.

양심은 심리적 현상일까요? 2019년 미국 미시간대학·스위스 취리히대학 등이 참여한 공동 연구팀이 미국 과학 학술지 『사이언스』에 소개한 실험 결과는 그런 생각을 하게 만드는군요. 현금이 많이 들어 있는 지갑일수록 잃어버렸을 때 되찾을 가능성이 높다고 하니 좀 이상하지 않은가요? 하지만 내가 지갑을 주운 사람이라고 가정하고 잘 생각해보면 수긍이 갈 법한 연구 결과이지요.

2013~2016년 세계 40국, 355개 도시에서 1만 7,303회의 실험을 거쳐 진행된 연구에서, 연구자들은 은행·영화관·박물관·우체국·호텔 등에서 지나가는 행인이나 직원에게 '누군가 잃어버린' 지갑을 발견했다며 주인을

찾아달라고 요청했습니다. 지갑은 현금이 없는 지갑과 현지 화폐가 들어 있는 지갑, 두 종류를 준비했다고 합니다. 지갑 속 금액은 13달러(약 1만 6,000원)로 나라별 소비 수준에 따라 차등을 두었지요. 실험 결과, 현금이 없는 지갑은 회수율이 40퍼센트였으나, 돈이 들어 있는 지갑은 51퍼센트였습니다.

지갑 속에 돈이 많을수록 회수율도 높았습니다. 미국·영국·폴란드에서 94달러(약 11만 원)가 든 지갑으로 추가 실험한 결과, 회수율은 72퍼센트로 나왔습니다. 13달러가 든 지갑일 때의 3국 평균 61퍼센트보다 11퍼센트나 높게 나왔지요. 중국에서 지갑을 잃어버리면 찾을 확률이 가장 낮은 것으로 나타났습니다. 중국에선 현금 없는 지갑은 7퍼센트, 현금이 들어 있는 지갑은 21퍼센트만 반환되었습니다. 페루·카자흐스탄·케냐도 회수율이 10~20퍼센트 정도로 낮았지요. 연구팀은 "예상하지 못했던 결과"라면서 "액수가 클수록 분실한 사람에 대한 동정심(이타주의)이 커지거나, 도둑으로 보이고 싶지 않다는 압박 심리가 발동한 것으로 보인다"고 해석했지요.[144]

영국 극작가 윌리엄 셰익스피어는 "양심은 우리를

모두 겁쟁이로 만든다"고 했는데, 이런 겁쟁이는 환영
받아 마땅하지 않을까요?

25

아픈 몸은 영혼의 감옥이다

독일 철학자 아르투어 쇼펜하우어는 "건강하면 모든 게 쾌락의 원천이 되지만, 그렇지 못하면 그 어떤 것일지라도 즐길 수 없다. 건강은 인간의 행복에서 단연 가장 중요한 요소다"고 했고, 미국 철학자 랠프 월도 에머슨은 "건강은 지혜의 조건이며, 그 징후는 유쾌함이다"고 했으며, 스위스 철학자 헨리 아미엘은 "건강은 모든 자유 가운데 첫 번째 것이다"고 했습니다.

건강에 관한 이런저런 명언이 많지만, 베스트를 꼽자면 단연 영국 철학자 프랜시스 베이컨의 말인 것 같습니다. "건강한 몸은 영혼의 객실, 아픈 몸은 영혼의 감옥이다." 한 번이라도 크게 아파 본 사람이라면 이렇게 말할 것 같습니다. "베이컨, 정말 말도 잘하네 그려." 베이컨의 뒤를 이어 프랑스 사상가 장 자크 루소도 "무엇보다도 영혼 때문에 몸을 단련할 필요가 있다"고 했지요. 몸이 아니라 영혼을 지키기 위해 건강을 돌봐야 한다고 말하면 건강에 대해 다시 생각해볼 사람이 많을 것 같네요.

독일의 바이오물리학자 슈테판 클라인은 『행복의 공식』에서 건강과 영혼의 관계에 충분한 과학적 근거가 있다고 말합니다. "몸의 움직임을 통해 부드러운 방식으로 머릿속의 뉴런들을 조절할 수 있다. 운동을 하면 유기체는 일반적으로 기쁠 때 취하는 상태로 변하고, 이것이 뇌에 전달되면 뇌에서는 다시금 자동적으로 좋은 감정이 생산되는 것이다."[145] 뭐 이렇게 어렵게 말하나 싶네요. 이 한마디면 충분하지 않을까요? "몸이 아픈데 정신인들 온전하겠는가?"

그런데 건강이 이렇듯 강조되다 보니 심각한 부작용이 생겼습니다. 미국의 유머 작가 조시 빌링스가 말했듯이, "이 세상의 많은 사람이 건강을 즐길 시간이 없을 정도로 건강을 주의하는 데에 많은 시간을 쓰고 있습니다". 미국 작가 마크 트웨인도 비슷한 말을 비꼬아서 했지요. "건강을 지키는 유일한 방법은 원치 않는 걸 먹고 좋아하지 않는 걸 마시고 하기 싫은 일을 하는 것이다."

건강에 대한 강박은 일종의 병病으로까지 발전했습니다. 프랑스 정신과 전문의 크리스토프 앙드레는『나답게 살아갈 용기』(2010)에서 "건강 염려증 환자들은 의료진을 괴롭히고 인내심을 시험한다"고 개탄합니다. "이들은 만족하는 법이 거의 없고, 완치는 있을 수도 없으며, 요구가 많고, 한마디로 골치 아프다. 게다가 건강 염려증 환자들은 의사들까지 불안하게 한다. 의사가 아무 이상도 없는 환자를 자꾸 진찰하다 보면 점차 그 환자가 하는 말을 흘려듣게 되는데, 끝내 그 환자가 세상 모든 사람과 마찬가지로 무슨 병에 걸릴 수도 있기 때문이다."[146]

한국인의 건강 염려증은 세계 최고 수준이지요. 경제협력개발기구OECD 통계에 따르면, 한국의 기대수명은 82.7세로 일본 다음으로 길고, 질병 사망률과 비만 인구도 OECD 평균보다 훨씬 낮지만, 정작 자기가 건강하다고 생각하는 사람은 OECD에서 가장 적은, 세명에 한 명꼴입니다. 미국·캐나다·호주·뉴질랜드 사람 열에 아홉이 스스로 건강하다고 믿는 것과 비교하면 아주 비관적이지요. 어디 그뿐인가요. 1인당 병원 외래 진료 횟수도 한 해 17건으로 10여 년째 1위를 지키고 있습니다. 오죽하면 영국 『파이낸셜타임스』가 한국인의 장수 비결은 김치와 건강 염려증이라고 비꼬았겠습니까.[147]

사정이 그런 만큼 한국인이라면 누구건 주변에 건강 염려증에 빠진 사람들을 한두 명은 두고 있기 마련이지요. 덕분에 건강 정보를 많이 얻는 건 좋은데, 이야기를 한참 듣다 보면 좀 우울해지는 건 어쩔 수 없습니다. 어쩌겠습니까. 부화뇌동附和雷同을 자제하면서, 너무 그러지 말라고 계속 달래는 수밖에 없겠지요.

26

산책은 자본주의에 대한 저항이다

"나는 걸으면서 나의 가장 풍요로운 생각을 얻게 되었다. 걸으면서 쫓아버릴 수 없을 만큼 무거운 생각이란 하나도 없다." 덴마크 철학자 키르케고르의 말입니다. '산책'이라고 하면 멋있어 보이지만, '어슬렁거리며 걷기'라고 하면 좀 한심해 보이지요. 그러나 무어라 부르건 걷기에서 행복을 만끽하는 건 어려운 일이 아닙니다. 예술가가 따로 있나요? 산책의 예술가가 되어보는 건 어떨까요?

"산책은 위대한 예술이다." 미국 초월주의 작가 헨리

데이비드 소로의 말입니다. 그는 자신의 집 주변을 돌아다니면서 주변 경관을 둘러볼 때마다 언제나 새롭거나 놀라운 무언가를 발견했다고 하네요. "반지름 약 15킬로미터의 원 안에 들어가는, 즉 반나절 동안 걷는 공간 안에 경관이 품을 수 있는 것들과 인간의 70년에 걸친 생애 사이에는 사실 어떤 공통점을 찾을 수 있다. 결코 익숙해지지 않으리라는 것이다."[148]

"산책에서 얻은 아이디어만큼 값진 것은 없었다." 독일 철학자 프리드리히 빌헬름 니체의 말입니다. 그는 이런 설명을 덧붙입니다. "나는 손만 가지고 쓰는 것이 아니다. 내 발도 항상 한몫을 하고 싶어 한다. 때로는 들판을 건너질러서, 때로는 종이 위에서 발은 자유롭고 견실한 그의 역할을 당당히 해낸다."[149]

산책의 그런 효과는 오늘날 현대 과학을 통해서도 충분히 입증되고 있습니다. 산책은 기분 전환을 유도해 정서적 균형을 이루게 하고, 스트레스 호르몬인 코르티솔의 수치를 떨어뜨려 스트레스 완화 효과도 있으며, 뇌가 지속적인 자극을 받게 함으로써 창의성도 향상시킨다는 겁니다.[150] 프랑스 인류학자 피에르 상소는 『느리게 산다는 것의 의미』(1998)에서 산책의 장점을 다음과 같이 덧붙입니다.

"사실 한가롭게 거닐 때 느끼는 행복은 우리의 시선을 통해 발견되는 것들로부터 오는 것이 아니다. 그것은 바로 걷는 행동 그 자체에서, 자유로운 호흡 속에서, 그리고 아무것도 기분을 거스를 것이 없는 시선 속에서 오는 것이다. 또한 우리가 이 세상을 누리는 것이 정당한 일이기나 한 듯이 세상 안에서 느끼는 여유로움 속에서 오는 것이다."[151]

프랑스의 철학 교사 크리스토프 라무르는 『걷기의 철학』(2007)에서 산책을 시간의 문제와 연결시킵니다. "걷는 것과 달리는 것 사이에는 근본적인 차이가 있다. 둘을 구분하는 것은 정도의 문제가 아니라 본질의 문제다. 달리는 것은 시간을 압축하고 줄이려 하며, 시간에 대해 일종의 폭력을 행사한다. 걷는 사람은 시간의 흐름에 맞춰 어우러지며, 시간의 가장 내밀하고 근본적인 리듬을 흉내내려 한다."[152]

"산책, 그것은 아직 아무것도 아니지만 우선 자본제적 체계와 생산적으로 불화하는 삶이다." 철학자 김영민이 『산책과 자본주의』(2007)에서 한 말입니다. 그는

"자본주의는 모든 것의 이동移動이며, 심지어 (월드컵의 응원 열광에서 보듯) 샤머니즘에까지 원격 이동이기도 하다. 그러나 산책은 '이동이 아닌 걷기'다"며 다음과 같이 말합니다.

"내 오래된 명제를 반복하자면, '당신들은 이동하지만, 상처받은 사람은 걷는다'. 그렇기에 파워 워킹이나 혹은 슬로 워킹 같은 우스개들은 도무지 산책이 아니다(굳이 분류하자면, 그것은 영락없는 자본주의다).……산책은 '-워킹'이라는 기능화된 1차원적 보행이 아니다. 그래서 산책은 자연스럽게 자본주의적 동선과 템포를 벗어난다."[153]

간결하게 말하자면, "산책은 자본주의에 대한 저항이다"고 할 수 있겠네요. 저항치고는 너무도 소극적인 저항이지만, 아예 저항을 포기한 사람들이 지적할 문제는 아닐 겁니다. 평소엔 자본주의 체제가 요구하는 속도의 포로로 살지라도 때때로 그런 속도에 저항하는 산책의 여유를 갖는 게 무슨 문제가 되겠습니까?

27

여행은 무엇인가를 사진에 담기 위한 전략이다

2018년 10월, 18세 이스라엘 청년이 미국 캘리포니아 요세미티 국립공원 내 바위에서 '셀카'를 찍다가 미끄러져 250미터 아래 계곡에 떨어져 사망했습니다. 이런 유형의 사고는 전 세계에 걸쳐 수시로 일어나고 있지요. 인도 뉴델리에 있는 올인디아 의학연구소가 2011년부터 2017년까지 전 세계 셀카와 관련된 죽음을 보도한 뉴스를 찾아 분석했더니 셀카를 찍다가 사망한 사람이 259명에 이른 것으로 나타났습니다. 보도되지 않은 사고도 있어 사망자는 더 많을 것이며, 부상자까지 합하면 수천 명대에 이를지도 모릅니다.[154]

왜 사람들은 그토록 셀카, 특히 여행지에서 셀카에 집착하는 걸까요? 이 물음에 대해선 셀카를 좋아하는 사람들이 각자 스스로 답해보는 게 좋겠지만, 이런 명언을 떠올리면 의문이 다소나마 풀릴 수 있습니다. "여행은 무엇인가를 사진에 담기 위한 하나의 전략이 되고 있다." 미국 비평가 수전 손태그의 말입니다. 특히 노동 윤리가 냉혹한 사람들일수록 사진 찍기에 더욱 집착하는데, 그건 그저 일만 몸에 배어버린 사람들은 휴가 중이나 휴일 같은 시간에 일하지 않는 것에 대한 불안감을 사진기를 들고 어디로든 나가 부지런히 찍음으로써 무엇인가 일 비슷한 것을 하고 있다고 생각할 수 있기 때문이라는 겁니다.[155]

손태그의 말은 1970년대에 나온 것이지만, 지금도 유효합니다. 사진 없는 여행은 상상할 수조차 없지요. 여행지에서 찍은 자신의 사진이 드라마틱하게 보일수록 여행의 의미와 보람은 커지기 때문에 위험 감수는 필수가 됩니다. 이젠 사진을 찍는 노동과 더불어 "너 여기 와봤어?"라고 뻐기는 과시 전략이 추가되었지요. 말도 안 되는 말이지만, 사진 찍어 SNS에 올리는 걸 금지시킨다고 하면, 여행을 떠날 사람이 얼마나 될지 궁금합니다.

손태그는 "아무리 선한 의도를 가진다 해도 여행은 영혼의 식민주의다"라고도 했으며, 프랑스 작가 실뱅 테송은 "여행은 여행자가 외부 세계에 감행하는 습격이며, 여행자는 언젠가 노획물을 잔뜩 짊어지고 집으로 돌아가는 약탈자"라는 말로 맞장구를 칩니다.[156] 2018년 해외여행객 숫자 2,869만 명으로 전 국민의 56퍼센트가 해외에 나갔다 온 한국 같은 나라에선 듣기 거북한 말이지만, 한국의 여행 문화가 좀 얄팍한 건 사실입니다. 여행 작가 이종원은 "인기 여행 프로그램에서 어느 나라를 한 번 소개하면 그 나라는 한국인들로 바글바글해진다"고 꼬집습니다.[157]

"해외여행 중독증에 걸린 사람들은 혼자서 가만히 있으면 안절부절못하는 노이로제 환자들이다." 국문학자이자 작가인 마광수가 『행복 철학』에서 한 말입니다. "철학자 이마누엘 칸트는 평생토록 외국 여행을 해보지도 않았고, 자기 마을을 결코 떠나지 않았다. 세계를 다 돌아다녀봐야만 훌륭한 지혜를 터득할 수 있다는 그릇된 미망을 버려라. 다양한 장소, 다양한 사람들과의 만남에 의해서만 식견이 늘어나는 것은 아니다. 한 장소에서 홀로 있음을 즐길 수 있어야 비로소 마음이 평온해질 수 있다."[158] 여행이라는 신성불가침의 종교에 도전하느라 좀 세게 말한 것으로 이해하면 되겠습니다.

"언젠가부터 여행은 신성불가침의 종교 비슷한 것이 되어서 누구도 대놓고 '저는 여행을 싫어합니다'라고 말하지 못하게 되었다."[159] 소설가 김영하가 『보다: 김영하의 인사이트 아웃사이트』(2014)에서 '여행을 싫어한다고 말할 용기'를 주장하면서 한 말입니다.

그런 점에서 고미숙이 자신은 여행을 좋아하지 않으며 여행에 대해 냉소적이라는 걸 당당하게 밝힌 게 이채롭네요. 그가 여행에 대해 냉소적인 이유는 "외부자가 낯선 땅을 '흘깃' 바라보고서 자신의 상상 속에서 만들어낸 허상"을 경계하기 때문이라고 합니다. "그 허상이 막강한 힘을 확보해 한 시대와 사회를 '주름잡는' 표상이 되면 모두 그것을 자명한 진리로 받아들이고, 그 다음엔 그것을 대상에 위압적으로 덧씌우는 식의 악순환을 얼마나 반복했던지. 내가 아는 한 여행이란 이런 수준을 넘기가 어렵다."[160]

여행을 사랑하더라도 자신이 다녀온 여행지에 대해 단언하지 않는 게 좋을 것 같다는 생각이 듭니다. 하지만 그런 단언에 대해 이의를 제기했다간 "내가 두 눈으

로 직접 봤다"고 주장하면 당해낼 길이 없으니 이 또한
사진과 다를 바 없는 시각의 힘인가요?

28

음식에 대한 사랑만큼
진실한 사랑은 없다

"모든 선善의 원천과 뿌리는 위의 쾌락이다." 고대 그리스 철학자 에피쿠로스의 말입니다. 그가 말한 쾌락은 흥청망청 노는 방탕과는 거리가 멀었습니다. 그는 고통과 고난의 결여와 그에 따른 마음의 평화를 쾌락으로 본 것이므로, 그의 철학이 왜곡되었다고 볼 수 있겠네요. epicure는 처음엔 쾌락주의라는 의미로 쓰였으나 점점 뜻이 좁혀져 주로 미식가를 가리키는 말이 되었습니다. epicureanism은 식도락食道樂을 뜻합니다.[161]

"사람은 살기 위해 먹어야지, 먹기 위해 살면 안 된

다." 미국 정치가이자 발명가인 벤저민 프랭클린의 말입니다. 그는 이런 명언들도 남겼지요. "못 먹어 죽는 사람은 적지만 많이 먹어 죽는 사람은 많다." "먹보는 치아로 자신의 무덤을 파는 사람이다."[162] 청교도 정신일까요? 미국 제3대 대통령 토머스 제퍼슨도 프랭클린의 뒤를 따라 이렇게 말했으니 말입니다. "적게 먹으면 후회할 일이 없다." 그러나 훗날 미국은 '패스트푸드의 제국'으로 우뚝 서게 됩니다.

"음식에 대한 미국인의 코드는 '연료fuel'다." 프랑스 문화인류학자 클로테르 라파이유가 프랑스에서는 음식을 먹는 목적이 쾌락이라며 한 말입니다. "미국인들이 음식을 다 먹고 나서 '배가 찼다'고 말하는 까닭은 무의식적으로 음식 먹는 것을 연료 공급으로 생각하기 때문이다. 그들의 사명은 자신의 연료통을 가득 채우는 일이므로, 그 일이 완료되면 임무를 완수했다고 알리는 것이다. 흥미로운 점은 미국 어디에서나 고속도로에서 주유소와 음식점을 겸한 휴게실을 찾아볼 수 있다는 것이다."[163]

한국은 미국형입니다. 아니 미국을 한국형이라고 해야 할 만큼 한국의 음식 문화는 '연료 충전' 모델에 철저합니다. 최근 들어 '먹방(음식 먹는 방송) 열풍'이 불면서 먹는 쾌락 중심의 음식 문화에 대한 관심도 높아지고 있다지만, 여전히 "한 끼를 때운다"는 심정으로 먹는 시간을 아껴 바삐 일하는 사람이 훨씬 더 많습니다.

"먹방은 한국의 푸드 포르노다."[164] 미국의 블룸버그TV가 2014년 1월 14일 한국의 먹방을 보도하면서 내린 평가입니다. '푸드 프로노'는 고열량 음식을 만들거나 먹는 장면을 담은 사진 또는 영상을 의미하는 말인데, 야한 사진이나 영상이 성욕을 자극하는 것처럼 먹음직스러운 음식이 사람들의 식욕을 자극한다고 해서 붙여진 이름입니다. 작가 손조문은 "푸드 포르노의 수준을 결정짓는 건 영상의 씨즐감과 먹는 이의 연기력이다"며 다음과 같이 말합니다.

"아무리 음식이 맛없어 보여도 주인공이 복스럽게 먹어 치우면 우리는 이 먹방에 큰 자극을 받습니다. 입에 양념을 묻히고 손가락을 쪽쪽 빠는 주인공의 모습에선 생의 활기가 느껴집니다. 오물조물 움직이는 주인공의 입에선 의욕이 넘쳐납니다. 사람들이 '먹방'을 즐겨보는 이유는 음식 그 자체에 대한 욕망이 아닌, 움직임에 대한 욕망이 아닐까요."[165]

영국 작가 조지 버나드 쇼는 "음식에 대한 사랑만큼 진실한 사랑은 없다"고 했는데, 남녀 간 사랑이 맹목적이듯 음식 사랑 역시 맹목을 향해 치닫는 것 같습니다. 그 맹목의 정체는 좀 따져볼 일입니다. 텔레비전만 틀었다 하면 먹방 타령인데, 이게 오직 그 '진실한 사랑' 때문일까요? 혹 공급이 수요를 창출하는 '세이의 법칙 Say's law'이 작동하고 있는 건 아닐까요?

『중앙일보』기자 민경원은 "먹방과 여행 말고 새로운 예능은 없을까?"라는 좋은 질문을 던졌는데,[166] 이왕 문제 제기를 하신 김에 각 프로그램 장르별 원가(제작비)를 비교하는 기사를 써주면 고맙겠습니다. 먹방이 싸게 먹히고 이른바 '가성비'가 높아서 먹방 홍수 사태가 빚어지는 건 아닌가 하는 의심 때문입니다. 물론 음식에 대한 사랑만큼 진실한 사랑은 없다는 걸 믿어 의심치 않지만 말입니다.

29

웃음은 얼굴에서
추위를 몰아내는 태양이다

"웃음은 타인의 결점이나 자신의 과거 결점과 비교해
느끼는 우월감에서 나오는 순간적인 자만심이다." 영국
사상가 토머스 홉스의 말입니다. 이 말을 오늘의 기준
으로 평가하면 곤란합니다. 웃음보다는 냉소가 훨씬 더
많았던 16~17세기의 유럽 상황을 감안하는 게 필요하
지요. 영국 철학자 프랜시스 베이컨이 지적했듯이, 16세
기 웃음의 소재는 대부분 '보기 흉한 기형'이었습니다.
이런 풍토는 17세기까지 이어져 홉스는 당대의 웃음은
'허약하고 병든 것'이라고 했지요.[167]

19세기 프랑스 시인 샤를 피에르 보들레르는 "웃음은 자신의 우월감에서 비롯한 것으로, 이는 매우 악마적인 생각이다"고 했는데,[168] 이는 19세기의 전반적인 상황과는 무관하게 비참했던 보들레르 개인적 삶의 관점에서 이해하는 게 옳겠습니다.

"무엇을 보고 웃느냐 하는 것만큼 사람의 인격을 잘 드러내주는 것도 없다." 독일 시인 요한 볼프강 괴테의 말입니다. 이에 맞장구를 치듯, 미국 작가 윌슨 미즈너는 이렇게 말했지요. "나는 무엇을 보고 웃느냐에 의해 사람을 판단할 수 있다."

"웃음은 얼굴에서 추위를 몰아내는 태양이다." 프랑스 작가 빅토르 위고의 말입니다. 이런 유형의 웃음 예찬론이 많습니다. "좋은 웃음은 집안의 햇빛이다." 영국 소설가 윌리엄 새커리의 말이지요. "여전히 웃을 수 있는 사람은 가난하지 않다." 미국 배우 레이먼드 히치콕의 말입니다. "하루를 웃음으로 시작하고 웃음으로 끝내라."[169] 미국 코미디언 W. C. 필즈의 말입니다. "웃음은 활기를 돋게 하고 고통을 덜어주고 멎게 만든다." 영국 출신으로 미국에서 활동한 희극배우 찰리 채플린의 말입니다.

미국 작가 에드 하우는 "어려움에 처했을 때 웃는 법을 배우지 못한다면, 늙어선 웃을 일이 없을 것이다"고 했지요. 나이가 좀 든 사람들은 노후 대책의 일환인 셈 치고 웃는 법을 좀 배워야 하지 않겠습니까? 스페인 출신의 철학자 조지 산타야나의 다음 말을 믿어보는 게 어떨까요? "웃어본 적이 없는 젊은이는 야만인이고, 웃지 않는 늙은이는 바보다."

웃음은 개인의 삶에 큰 영향을 미친다는 연구 결과가 많습니다. "이타적인 사람들은 진정한 웃음, 솔직한 웃음을 더 잘 웃는다."[170] 캐나다 심리학자 마이클 브라운이 연구를 통해 내린 결론입니다. "잘 웃는 사람은 대체로 오래 산다." 2010년 미국 『심리과학』에 실린 논문의 결론입니다. 연구자들이 오래된 야구 잡지 『베이스볼 레지스터』에 실린 200명의 프로야구 신인 선수의 사진을 분석한 결과, 진짜 웃음을 웃는 선수들은 웃지 않거나 '가식적인' 웃음을 짓는 선수들보다 훨씬 오래 사는 것으로 밝혀졌습니다.[171]

오래 살기 위해서라도 웃어야 하겠네요. 웃을 일이 없다고 할 게 아니라, 반대로 생각하는 게 필요합니다. "기쁨은 웃음의 원천이지만 때로는 웃음이 기쁨의 원천이기도 하다."[172] 베트남 승려 틱낫한의 말입니다. 애플의 창립자 중 한 사람인 스티브 워즈니악의 다음 말도 꽤 그럴듯합니다. "나는 내가 얼마나 잘 웃는가로, 인생을 얼마나 잘 살고 있는지 스스로 평가한다."[173] 웃는 데 돈 드는 것도 아닌데 웃고 삽시다. 행여 웃지 않아야 권위와 근엄을 지킬 수 있다는 허황된 미신에 사로잡히지 않았다면 말입니다.

30

욕망은 자신이 무가치하다는 느낌을 없애는 수단이다

"이런저런 것만 있으면 행복해질 것이라고 믿는 것은 불행의 원인이 불완전하고 오염된 자아에 있다는 인식을 억누르는 것이 된다. 따라서 과도한 욕망은 자신이 무가치하다는 느낌을 억누르는 수단이 된다."[174] 미국 작가 에릭 호퍼의 말입니다. 과도한 욕망이 사라지기 어려운 이유를 명쾌하게 잘 설명한 말이지요. 실현 여부와 관계없이 욕망은 자신이 무가치하다는 느낌을 억눌러주기 때문에 욕망이 크면 클수록 좋은 게 됩니다. 행복과 불행의 원인을 외적인, 특히 물질적인 성취에 두는 것이 문제라는 생각은 하기 어렵게 되는 것이지요. 어디 그뿐인가요. 사회생활을 하는 한 욕망은 피하기 어려운 것이기도 하지요.

"우리는 본래의 욕구를 갖고 있지 않으며 다른 이들이 무엇을 욕망하는지를 보고서 그것을 욕망하게 된다." 프랑스의 문화비평가 르네 지라르의 말입니다. 인간이 자신의 욕망을 잘 알고 있거나 욕망의 무의식을 갖고 있다는 주장에 대한 반론입니다. "기본적인 욕구들이 일단 충족되기만 하면, 아니 때로는 그 이전에도, 인간은 강렬하게 욕망하면서도 무엇을 욕망하는지 정확하게 알지 못하고 있다. 왜냐하면 그가 욕망하는 것은 존재, 정확히 말해 자신에게는 결핍되어 있는데 타인은 갖고 있는 것처럼 보이는 존재이기 때문이다."[175]

간결하게 말하자면, '욕망은 모방'이라는 것입니다. 욕망의 원천이 질투나 시기심이라는 말이기도 하지요. 이는 어린이들의 장난감 쟁탈전을 보면 실감이 나는 주장입니다. 성인들은 자신의 감정에 대한 포장술이 발달한 어린이일 뿐 다를 건 없습니다. 아파트, 자동차, 가전제품, 자녀의 학교 등 모든 걸 남과 비교하면서 불타는 욕망을 품게 되는 것이지, 그 욕망이 본원적인 건 아니라는 말이지요.

모든 사람이 욕망을 절제하거나 통제할 필요는 없겠지요. 욕망으로 인해 괴로워하는 사람이 있다면, 미국 작가 리처드 칼슨의 말을 경청해보는 것도 좋을 것 같습니다. 그는 스트레스 상담가로 오랫동안 일한 경험에 근거해 "원하는 것이 아니라 이미 가지고 있는 것에 대해 생각해보세요"라고 조언합니다.

"내가 확인한 가장 널리 퍼져 있으면서도 파괴적인 마음의 버릇은, 우리가 현재 소유하고 있는 것에 초점을 맞추지 않고 우리가 바라는 것에 초점을 맞춘다는 사실입니다. 현재 얼마나 많은 것을 가지고 있느냐는 전혀 중요하지 않아 보입니다. 자꾸만 욕망의 리스트를 키워 가기 때문이지요. 그러면 언제나 불만족한 상태로 남을 것이 분명한데도 말입니다. '이 욕망이 채워지면 행복할 거야'라는 사고방식은 그 욕망이 만족됨과 동시에 다른 욕망을 키우게 되어 있습니다."[176]

미국 미술가 제니 홀저는 "내가 욕망하는 것으로부터 나를 보호하라"고 외칩니다.[177] 자신의 욕망 수준을 낮추라는 것이지요. 말이야 바른 말이지만, 우리는 욕망을 스스로 억눌러야만 무난하게 살아갈 수 있는 그런 세상에 살고 있습니다. 그렇게 욕망을 타이르며 제발

잠 좀 자라고 다독이는 사람은 인간의 본질에서 벗어난 인간일까요? 그럴 리가 있나요. 혹 어떤 욕망이냐가 중요한 건 아닐까요?

비교에 의한 욕망을 노골적으로 자극하고 부추기는 광고를 볼 때엔 혀를 끌끌 차게 되지만, 광고를 만드는 사람들이 바보가 아닌 다음에야 괜히 그러겠습니까? 아무 불평불만 없이 잘 살다가도 잘나가는 친구의 전화 한 통 받고 자신을 돌아보며 우울해지는 게 우리네 인생입니다. 서로 근황을 주고받다 보면, 반드시 비교할 만한 무엇이 나타나기 마련이지요. 비교하는 게 잘못된 건 아니지만, 그 비교의 대상이 오직 물질 위주라는 데에 문제가 있는 것 같습니다. 돈 없이도 할 수 없는 일을 남과 비교하면서 자극을 받을 수는 없는 걸까요? 헛된 꿈일망정, 욕망의 정의를 다시 내려 탈물질주의적 욕망을 갖는 건 영영 불가능할까요?

31

소비주의에 적은 존재하지 않는다

"소비는 고독한 행위다." 프랑스 철학자 앙리 르페브르가 『현대세계의 일상성』(1968)에서 한 말입니다. "소비는 아무것도 창조하지 못한다. 소비자들 사이의 관계조차도 만들어내지 못한다. 그저 모든 것을 삼킬 따름이다.……소비 행위는 거울 효과에 의해서만 곧 다른 소비자 속에서 자신의 모습을 비춰보거나 다른 소비자에 의해 자신의 모습을 보는, 그러한 반영 효과에 의해서만 의사소통이 가능하다."[178]

"당신이 버리는 것이 무엇인지를 말해봐요. 그러면

나는 당신이 어떤 사람인지를 말해주겠습니다."[179] 프랑스 사회학자 장 보드리야르가 『소비의 사회: 그 신화와 구조』(1970)에서 한 말입니다. 그는 "자동차를 만드는 일보다 파는 일이 더 어렵게 되었을 때야 비로소 인간 자체가 인간에게 과학의 대상이 되었다"고 했지요.[180] 이는 1929년 대공황을 기점으로 소비의 시대가 열린 것과 맥을 같이 합니다.

사실 1929년의 대공황은 인류 문명사에 큰 변화를 몰고왔으니, 그건 바로 소비consumption라는 개념의 재탄생이었습니다. '소비'는 14세기 초에 만들어진 단어로 consume이라는 동사의 뜻은 파괴하고, 약탈하고, 정복하고, 소진시킨다는 의미였지요. 1900년대 초반까지만 해도 '소비consumption'라는 단어는 낭비, 약탈, 탕진, 고갈 등과 같은 부정적인 뜻으로 쓰였으며, 심지어 폐병을 뜻하는 말이기도 했습니다.

그러나 '소비'에 대한 이런 부정적인 이미지는 대공황 이후 대중 광고와 마케팅이 본격적으로 도입되면서 긍정적 이미지로 돌아서기 시작했습니다. '소비'라는 단어는 '선택'과 동일시되면서 '축복'으로 다시 태어난 것이지요. 소비에 대한 이미지와 더불어 영웅도 바뀌

었습니다. 1929년 대공황 이전엔 대중잡지에서 대부분 '생산의 우상'이 다루어졌으나 이후엔 주로 '소비의 우상'이 다루어졌지요. 어떻게 상품을 생산할 것인지에서 어떻게 상품을 소비할 것인가 하는 문제가 제기되었기 때문입니다. 이 시기에 '소비자 문화consumer culture'라는 말이 처음으로 등장한 것도 우연이 아닙니다.[181]

"소비주의에 적은 존재하지 않는다." 독일 사회심리학자 하랄트 벨처의 말입니다. 2001년 9·11테러가 일어났을 때 뉴욕시장 루돌프 줄리아니는 뉴욕 시민들에게 "우리가 두려워하지 않는다는 것을 보여주십시오. 일어나 나가십시오. 나가서 쇼핑하십시오"라고 외쳤습니다. 소비지상주의 문화의 반대자임을 자처해온 오사바 빈 라덴은 자신이 명령했던 테러의 성과를 달러로 환산해서 평가했습니다. 벨처는 이 두 사례를 들면서 "소비주의는 모두를 포용한다"고 말합니다.[182]

"소비를 통한 정체성 찾기가 거의 제2의 천성으로 자리 잡았다." 미국 사회학자 랠프 브라운의 말입니다. "살아가면서 뭔가 새로운 것에 대한 갈망이 생기면, 우리는 바로 나가 손에 넣을 수 있습니다. 순식간에 정체성을 살 수 있는 것이지요. 게다가 소비가 쉬워질수록 우리는 더욱 효율적으로 정체성을 구입할 수 있게 되므로, 더욱 효율적인 것 자체가 정체성의 일부가 됩니다."[183]

　"소비사회를 비판하는 이들은 위선자에 불과하다." 프랑스 사회학자 질 리포베츠키의 주장입니다. "소비가 행복과 동일하다고는 할 수 없지만, 소비가 실질적 만족감을 주는 원천이 될 수 있는 건 분명하다"는 것이지요.[184] 쇼핑을 사랑하는 모든 사람이 이 주장에 동의할 것 같네요. 설령 그 어떤 결핍이나 공포 때문에 쇼핑을 사랑하게 되었다 하더라도 그건 소비를 동력으로 삼은 기존 시장경제 체제에 있는 것이지, 쇼핑 행위 자체를 어찌 문제 삼을 수 있느냐는 항변이 나올 법합니다. 누가 감히 소비의 매력, 아니 마력에 대항할 수 있겠습니까?

32

문화적 속물이 없다면 예술가들은 생존할 수 없다

"속물은 비열한 일들을 비열하게 존경하는 사람이다."[185] 영국 작가 윌리엄 새커리의 말입니다. 1840년대 영국에선 하층계급 출신의 부자들이 상류계급의 생활방식을 흉내내는 게 대유행이어서, 새커리는 1848년 『속물에 관한 책The Book of Snobs』이라는 책을 내기도 했지요.[186] 속물근성은 귀족주의적 관점에서 나온 말이라는 걸 감안해야겠지만, 그 핵심은 지위를 탐하는 위선이어서 곱게 봐주긴 어렵습니다.

"속물은 사회적 하급자들의 사회집단을 피하고 상층

사회집단과 가까이 지냄으로써 자신의 지위를 향상시키려고 노력하는 사람이다."[187] 영국 작가 해럴드 니콜슨의 말입니다. 속물은 평범한 사람으로 보이는 걸 가장 두려워합니다. 그래서 끊임없이 위선과 가식을 저지르게 되지요. 모든 미디어가 비범을 예찬하고 거의 모든 자기계발서가 평범을 거부하라고 외치는 사회 분위기가 속물을 양산해내는 건지도 모르겠습니다.

"속물은 독립적 판단을 할 능력이 없는데다가 영향력 있는 사람들의 의견을 갈망한다." 스위스 작가 알랭 드 보통이 『불안』(2004)이란 책에서 한 말입니다. 그는 "가난이 낮은 지위에 대한 전래의 물질적 형벌이라면, 무시와 외면은 속물적인 세상이 중요한 상징을 갖추지 못한 사람들에게 내리는 감정적 형벌이다"고 말합니다.

그런데 진짜 문제는 속물을 경멸했던 사람들도 나이가 들면서 어김없이 속물의 대열에 합류한다는 점이지요. "젊은 시절에 속물근성에 분개했다고 해서 그 뒤에 점차 스스로 속물이 되어가지 말란 법도 없다. 거만한 사람에게 무시를 당하다 보면 자연스럽게 우리를 무시하는 사람들의 관심을 얻고자 하는 갈망이 생기기 때문이다."[188] 악순환이지요. 나는 속물이 아니라고 자신할 수 있을까요? 아니면 이렇게 반문하고 싶은가요? "속물이 뭐가 문제야?"

"속물은 타인지향적인 삶의 구조에 종속되어 있다." 사회학자 김홍중의 말입니다. "왜냐하면 속물에게는 자신의 모든 것이 오직 전시의 대상이 되기 때문이다. 깊이나 내면은 표면으로 호출되어 노출된다. 그것은 과시이며, 형식이며, 게임이다.……속물에게는 실존이 없다. 고통도 쾌락도 행복도 불행도 모두가 타인의 시선에 의해 매개된 것이기 때문이다."[189]

"깨끗한 척하는 것이 깨끗한 것보다 더 중요한 덕목이 되었다." 사회학자 엄기호의 말입니다. "우리 모두는 이렇게 '척'하느라 아주 바쁘다. 그렇지 않으면 나의 존재 가치를 증명할 수 없는 것이다. 이렇게 하는 척이라는 '함'에 매진하여 급기야 심신이 소진된 사람들에게는 진정성을 기대할 수 없다. 진정성은 없지만 진정한 존재인 것처럼 스스로를 위장하고 살아가는 사람들, 우리는 이들을 '속물'이라 부를 수 있다."[190]

누구나 어느 정도는 갖고 있는 이런 속물근성은 무작정 비판할 것은 아닙니다. 문제는 그것이 사회적 규

범으로까지 승격되어 우리의 삶을 통제할 경우입니다. 영국 철학자 버트런드 러셀은 "속물근성이 심각한 해악으로 변하는 경우는 그것이 잘못된 가치기준과 사회 불평등의 허용으로 이어질 때이다"고 했는데,[191] 바로 이게 문제인 것이죠. 우리는 어떤 일에서건 누군가가 선을 넘어 지나치다 싶을 땐 "작작 좀 해라"라는 말을 즐겨 쓰는데, 속물근성을 심하게 드러내는 사람에게 해줄 수 있는 적합한 말인 것 같네요.

속물이 나쁘기만 한 건 아닙니다. 두 얼굴이 있지요. 영국 작가 올더스 헉슬리가 갈파했듯이, "문화적 속물이 없다면 예술가들은 생존할 수 없습니다".[192] 예컨대, 고상한 음악적 취향을 가장하는 음치音癡 후원자들이 없었다면 진정한 음악 애호가들은 오페라와 교향곡 없이 살아야 할 것이니, 문화적 속물에게 유용성이 있다는 것입니다. 그래서 헉슬리는 "속물근성이 있는 사회는 벼룩이 많이 있는 개와 같다. 즉, 그 사회는 활기가 없을 것 같지 않다"고 말했지요.

듣고 보니 꽤 그럴듯하지 않은가요? 널리 알려진 사실이지만, 한국은 세계에서 클래식 음반과 티켓 판매 비중이 상위권에 속하는 등 고급예술의 수요가 매우 큰 나라입니다. 그 수요 속에 속물이 얼마나 있는지는 모르겠지만, 한국이 활력이 넘치는 '다이내믹 코리아'인 건 분명하지 않은가요?

33

명성은 수증기와 같다

"어느 날 아침에 일어나 보니 유명해져 있었다." 영국의 낭만주의 시인 조지 바이런의 말입니다. 10세의 어린 나이에 성 한 채와 귀족 칭호를 유산으로 받은 바이런은 한가한 시간에 시를 써서 『차일드 헤럴드의 순례여행』(1812)이란 시집을 출간했는데, 이 책은 3주일 만에 5,000부가 팔리는, 당시로선 대성공을 거두었지요. 이를 두고 한 말입니다. 하지만 24세의 젊은 나이에 벼락 같이 얻은 성공은 오히려 그에게 독약이 되었습니다. 방탕한 생활에 빠져 건강을 해쳐 36세에 병으로 사망했지요. 사후 그의 명성은 더욱 치솟았으니,[193] 성공한 인생이라고 해야 하나요?

　"명성은 사람들이 어리숙하다는 증거다." 미국 철학자 랠프 월도 에머슨의 말입니다. 그렇다면 사람들이 날로 어리숙해지고 있는 걸까요? 오늘날 '셀러브리티 celebrity(유명 인사, 명성)'는 'celebritocracy(유명 인사에 의한 지배 체제)',[194] 'Celebrity-Industrial Complex(유명 인사와 미디어 산업의 유착)'[195] 등과 같은 용어들이 나올 정도로 현대사회의 중요한 현상으로 부각되었으니 말입니다.

　"명성은 수증기와 같고, 인기는 우연한 사건과 같다. 부는 날개를 달고 있다. 오늘 칭송하는 사람이 내일 저주를 퍼부을 수 있다. 변하지 않는 유일한 것은 인격뿐이다."[196] 미국 신문 경영자이자 정치가인 호러스 그릴리의 말입니다. 버몬트 시골의 소박한 가정에서 태어나 15세에 인쇄소 견습공으로 일하다가 20세에 단돈 10달러를 들고 뉴욕으로 가서 성공한 '아메리칸드림'의 화신이 된 그는 1872년 대통령 선거에 후보로 출마했지만 낙선 3주 후에 과로와 우울증으로 정신병원에서 사망했습니다.

　"내가 이 세상에서 몇 사람만이 이해할 수 있는 논문

몇 편으로 유명해지다니 정말 알 수가 없다." 세계적인 물리학자 알베르트 아인슈타인의 말입니다. 가장 유명한 논문인 64쪽 분량의 「상대성 이론」이 출판된 지 4년 후에 그는 "현재 마부나 웨이터까지도 내 이론이 옳은지에 대해 논란을 벌이고 있다"며 놀라워했지요. 자신의 일거수일투족이 언론의 좋은 먹잇감이 되자 그는 이렇게 한탄했습니다. "동화에서 어떤 남자가 손을 갖다대는 것마다 금으로 변하듯이 나의 모든 것에 대해 언론이 야단법석을 떨었다."[197] 하지만 언론의 그런 야단법석을 미친 듯이 갈망하는 사람들도 있는 게 이 세상이지요.

"그를 살해하면 내가 그의 명성을 차지할 수 있으리라 생각했다. 세상에서 가장 위대한 인물을 죽이기 전까지 나는 미스터 노바디였다." 영국 가수 존 레넌을 살해한 마크 데이비드 채프먼의 말입니다. 이에 대해 사회학자 전상진은 이렇게 말합니다. "역겹고 언짢지만 그의 말이 옳았다. 무명인 채프먼은 가치와 법을 위반함으로써 유명인 채프먼이 되었다. 단지 관심을 받기 위해 살인을 저지른 그는 최악의 관종(수단을 가리지 않고 병적으로 관심을 좇는 종자)이다."[198]

"2013년 5월 19일 알렉스 퍼거슨 경의 마지막 껌."
잉글랜드 프리미어리그 맨체스터 유나이티드를 이끌었던 전 감독 알렉스 퍼거슨이 은퇴 전 마지막 경기에서 씹었던 껌이 2019년 3월 인터넷 경매 사이트인 이베이를 통해 경매에 붙여졌을 때 씹었던 껌을 보관한 장식장에 새겨진 문구입니다. 이 껌은 2012~2013시즌 잉글랜드 프리미어리그 최종전이자 은퇴 전 마지막 경기였던 2013년 5월 19일 웨스트 브로미치 앨비언과의 원정경기에서 그가 씹었던 것인데, 당시 한 열성 팬이 그가 뱉은 껌을 주워 고이 간직했다고 하네요. 낙찰 가격은 39만 파운드(한화 약 5억 8,500만 원)였는데, 이걸 보도한 기사에 달린 댓글이 인상적입니다. "참 어이가 없다. 가지가지 한다."[199]

그렇습니다. 그렇게 가지가지 하는 게 바로 이 세상입니다. 명성은 수증기와 같고, 인기는 우연한 사건과 같다지만, 우리의 인생 자체가 수증기와 같고 우연한 사건에 불과한 걸 어이하겠습니까? 병적인 관종에게도 이런 나름의 방어 논리는 있지 않을까요? 아니 그렇게 믿고 싶네요.

34

승자는 시도를 멈추지 않는다

"달걀을 깨지 않고는 오믈렛을 만들 수 없다." 시도 없이는 목적을 달성할 수 없다는 취지의 격언입니다. 1859년 영국의 한 의원이 지역구민에게 보낸 글에서 처음 사용한 것으로 기록되고 있으나, 이를 널리 전파시킨 이는 영국 소설가 로버트 루이스 스티븐슨입니다.[200]

"나는 실행하는 게 두려운 게 아니라 아무것도 하지 않는 게 두렵다." 영국 정치가 윈스턴 처칠의 말입니다. "우리가 할 일은 시도뿐이다. 나머지는 우리 일이 아니

다."[201] 영국 시인 T. S. 엘리어트의 말입니다. 왜 그래야
만 하는 걸까요? 전적으로 동의하긴 어렵지만, 미국 오
페라 가수 비벌리 실스가 그 이유를 잘 설명했습니다.
"실패한다면 실망하겠지만, 시도조차 하지 않는다면 죽
은 목숨이 아니고 무엇이랴."

"승자는 시도를 멈추지 않는다." 미국의 전설적인 풋
볼 선수이자 코치였던 톰 랜드리의 말입니다. 시도를
멈추지 않았기에 승자가 되었다는 뜻으로 한 말이겠
지만, 좀 바꿔 생각해볼 수도 있습니다. 승리는 자신감
을 무한정 공급하는 마약이라는 뜻으로 말입니다. 자신
이 변화에 영향을 미칠 수 있다고 믿는 사람들이 착수
한 일에서 성공할 가능성이 높은 걸 가리키는 이른바
'자기효능감self-efficacy'이 중요하지 않겠느냐는 것이지
요.[202]

"믿고 첫걸음을 내디뎌라. 계단의 처음과 끝을 다 보
려고 하지 마라. 그냥 발을 내디뎌라."[203] 미국의 흑인
민권운동 지도자인 마틴 루서 킹의 말입니다. 세상을
살다 보면 비상한 시기엔 비상한 시도가 필요한 법입니
다. 인종차별처럼 도저히 용납할 수 없는 인권 문제엔
바로 그런 자세가 필요한 게 아닐까요?

"해보는 거야Just Do It." 미국 농구 황제 마이클 조던이 출연했던 나이키 광고의 슬로건입니다. 많은 사람의 사랑을 받은 슬로건이지만, 미국의 어린이 보호 운동가 수전 린은 다음과 같이 비판했지요.

"'그냥 해버리자'라는 문구에는 지나치게 생각을 많이 하지 않는 편이 더 낫다는 뜻이 내포되어 있다. 운동화를 살지 말지 생각하지 말고 그냥 사버리자. 이 후보자에게 투표할지 말지 생각하지 말고 그냥 해버리자. 광고 속의 메시지들은 브랜드 충성도를 키우고 충동구매를 부추길 뿐만 아니라 민주주의 자체를 해친다. 어떤 제품이나 마법적 존재에게 문제 해결을 의존하는 아이들이 등장하는 광고는 수동성을 부추긴다. 수동성은 독재 체제에서는 사회 적응에 유용한 자질이지만, 민주주의에는 대단히 해롭다."[204]

미국의 마케팅 전문가 세스 고딘은 '시도'의 필요성을 역설하면서도 나이키의 슬로건이 가진 문제는 "시도하기 위해 필요한 것은 시도하는 것뿐이다. 그것은 단순히 의지의 문제다"라는 의미를 함축하고 있다는 점이라고 비판합니다. "이는 어떤 사람들에게는 옳은 말일 수 있다. 하지만 그보다는 더 많은 설명이 필요한 사람들도 있다. 당신이 시도자가 되지 못한 데에는 이유가 있을 수 있기 때문이다."[205]

"한 번도 실현된 적이 없는 성과를 얻고자 한다면 한 번도 시도된 적이 없는 방법을 써야 한다." 영국 철학자 프랜시스 베이컨의 말입니다. 시도된 적이 없는 방법을 찾기 어려우면 그런 시도를 다시 한번 생각해봐야 한다는 말로 이해해도 좋을 것 같네요. 보통 사람들은 이미 남들이 실현시킨 성과를 얻기 위해 시도를 하지만, 그마저 쉬운 일은 아닙니다. 한국처럼 패자부활전이 사실상 없는 사회에선 시도는 두려움을 수반하기 마련이지요. 승자들의 시도 예찬론에 부화뇌동附和雷同할 일은 아니라는 게 안타깝습니다.

35

성공처럼 좋은 살균제는 없다

"성공한 사람은 남들에게서 사랑받는 이유가 오직 자기 자신 때문인지 확신하지 못한다." 로마 시인 루칸의 말입니다. "전쟁에서의 성공은 종교에서의 자선처럼 많은 죄악을 덮어준다." 영국의 전쟁 역사가 윌리엄 네이피어의 말입니다. "성공처럼 좋은 살균제는 없다." 미국 역사가 대니얼 부어스틴의 말입니다. 미국 영화배우 엘리자베스 테일러는 부어스틴의 말을 원용해 "성공처럼 좋은 방취제는 없다"고 했지요.[206]

그렇습니다. 이 명언들이 시사하듯이, 성공이 곧 정

의正義입니다. 누구든 성공을 하면 그 사람의 그늘은 사라지고 모든 게 미담으로 변하지요. 일부 종교에선 더욱 그렇습니다. 미국 역사가 리처드 호프스태터가 지적했듯이, "캘빈주의 교리에서 성공은 덕의 내적 상태가 밖으로 표현된 것으로 간주"됩니다.

"평범하고 비굴하면 성공하기 쉽다." 프랑스 작가 피에르 보마르셰의 말입니다. 전적으로 동의하긴 어렵지만, 일리는 있다고 할 수 있겠습니다. 자신의 평범에 불만을 느끼는 사람일수록 성공에 집착하고, 대쪽처럼 곧은 사람이 성공하긴 어렵다는 점에서 말입니다. 그런데 우리는 왜 어떤 성공이냐를 따지지 않고 모든 걸 '성공과 실패'라는 이분법으로 보는 건지, 그게 딱합니다.

"당신이 대단히 중요한 인물이라는 것을 스스로 믿게 하고 세상이 그 생각을 받아들이도록 하는 것이 성공의 비결이다." 미국 작가 앨버트 허버드의 말입니다. 그의 다른 성공 명언들도 예사롭지 않습니다. "성공이 당신이 감당할 수 있는 것보다 더 빨리 찾아오지 않도록 기도하라." "성공은 10퍼센트의 기회와 90퍼센트의 지적 사기다."

"성공은 노력과 요령과 우직함이 필요하다." 세계적인 물리학자 알베르트 아인슈타인의 말입니다. 그러나 그는 동시에 다음과 같은 말도 남겼지요. "성공한 사람이 되려고 애쓰지 말고 오히려 가치 있는 사람이 되려고 애써라." 성공하지 않으면 누가 가치를 인정해주느냐고 되묻고 싶지만, 아인슈타인은 남들이 알아주는 게 뭐가 그리 중요하냐고 답할 것 같습니다. 성공을 한 승자의 여유이겠지요.

"성공은 큰 실패를 부른다." 인류 역사를 '도전과 응전'의 역사로 본 영국 역사가 아널드 토인비의 말입니다. 응전이 도전에 상응할 때 그 응전은 성공을 거둘 수 있지만, 새로운 도전의 해결에 이전의 응전 방법은 더는 효과가 없어 크게 실패하게 되어 있다는 뜻입니다.[207]

"성공은 그 안에 실패의 씨앗을 담고 있으며, 실패 역시 그 안에 성공의 씨앗을 담고 있다." 프랑스 정치가 샤를 드골의 말입니다. 마이크로소프트 창업자 빌 게이츠는 "성공은 나쁜 스승이다. 그것은 합리적인 사람들조차 자신은 패배할 수 없다는 믿음을 갖게 한다"고 했지요. "성공한 사람들은 실패하지 않을 것으로 생각하지만 그들 또한 실패를 한다"는 겁니다.[208] 게이츠의 이런 지식인 행세가 마음에 안 드는 사람들도 있겠지만, 말인즉슨 옳은 말이지요.

"덴마크에서 성공한 사람들은 마치 우연한 결과인 것처럼 받아들이는 경향이 강하다."[209] 덴마크 작가 말레네 뤼달이『덴마크 사람들처럼: 세상에서 가장 행복한 사람들에게서 찾은 행복의 열 가지 원리』(2014)라는 책에서 한 말입니다. 이 지구상엔 두 종류의 사회가 존재합니다. 성공을 필연으로 보는 사회와 우연으로 보는 사회지요. 한국은 전자에 가깝습니다. 자신이 탁월한 능력으로 노력을 했기 때문에 성공했다고 믿는 사람들은 자신의 부를 자기 것이라고 믿지요. 반면 자신의 성공을 우연으로 보는 사람들은 자신의 부는 사회의 것이라고 믿습니다. 어떤 사회의 사람들이 더 행복할까요?

36

행운은 준비된 자를 선호한다

"행운은 준비된 자를 선호한다." 프랑스의 화학자이자 미생물학자인 루이 파스퇴르의 말입니다. 이 말의 원조는 로마 철학자 세네카지요. 그는 "행운은 준비한 사람에게 기회가 왔을 때 생기는 것이다"고 했습니다. 일방적으로 노력과 근면을 강조하는 말보다는 조금 나은 것 같네요. 사실 뭐든지 거저먹으려는 공짜 근성을 버려야 행운과 행복도 찾아오는 법이지요. 행운을 누리기 위해서라도 노력하고 근면해야 하지 않을까요?

"행운의 여신은 인생에 한 번은 모든 사람의 문을 두

드리지만 많은 경우 사람들은 가까운 술집에 가 있느라 그 노크 소리를 듣지 못한다." 미국 작가 마크 트웨인의 말입니다. "행운은 준비된 자를 선호한다"는 말을 재미있게 업그레이드한 것으로 보면 되겠네요. 실제로 준비는 다 되어 있는데, 정말 운이 따라주질 않아 기회를 놓치는 경우도 많습니다. "수를 셀 줄 모르는 사람이 네 잎 클로버를 발견한다면, 그래도 그 사람에겐 행운인가?"라는 말이 있지요. 사실 우리는 자신이 누린 좋은 기회가 행운인지도 모르고 살아가는 경우가 많으니, 행운의 정체가 참 아리송합니다.

"행운을 믿지 않는다는 건 경험이 없는 사람들의 특징이다." 폴란드 출신의 영국 소설가 조지프 콘래드의 말입니다. 이론과 현실은 다르다는 말로 이해할 수 있겠네요. 이론적으로는 행운을 믿지 않는 게 좋지만, 실제로 세상을 살다 보면 행운이 모든 걸 결정한다는 생각이 들 정도로 행운의 힘을 절감하게 됩니다. 그걸 못 느낀다면 오만하거나 나르시시즘에 빠진 걸로 보아도 무방할 겁니다.

"나는 행운을 믿는다. 그렇지 않으면 당신이 싫어하는 자들의 성공을 달리 어떻게 설명할 수 있겠는가?"

프랑스 작가 장 콕토의 말입니다. 그렇지요. 우리는 나의 성공은 실력 덕분, 너의 성공은 행운 덕분으로 돌리는 경향이 있습니다. 이런 '이기적 편향self-serving bias'은 자신의 자존감을 높이거나 방어하려는 욕구 때문에 생겨납니다.[210]

미국 작가 엘윈 브룩스 화이트는 "행운이란 자수성가한 사람들 앞에서 거론할 만한 것이 아니다"고 했는데,[211] 실제로 부자들은 자신의 성공이 행운 때문이라는 걸 한사코 인정하지 않으려고 합니다. 그래야 자기 만족도가 높아질 뿐만 아니라 자기 재산을 온전히 지키는 데에도 유리하니까요. 하지만 승자독식주의가 심해지고 경쟁이 치열해지면서 행운의 중요성은 더욱 커지고 있지요. 이걸 인정하는 사람이 많아져야 부의 재분배도 가능해집니다.

미국 저널리스트 맬컴 글래드웰의 『아웃라이어 Outlier』(2008)는 그런 행운의 덕을 인정할 것을 요청하는 책이라고 할 수 있습니다. '아웃라이어'는 '본체에서 분리되거나 따로 분류되어 있는 물건' 또는 '표본 중 다른 대상들과 확연히 구분되는 통계적 관측치'를 말합니다. 각 분야에서 큰 성공을 거둔 탁월한 사람들을 가리키는 걸로 보면 되겠네요. 우리는 아웃라이어들의 성공 이유를 그들의 타고난 재능으로 돌리는 경향이 있지만, 글래드웰은 다음과 같이 주장합니다.

"우리가 살펴본 모든 아웃라이어는 평범하지 않은 기회를 누렸다. 그렇다고 그러한 평범하지 않은 행운을 통한 성공이 소프트웨어 백만장자나 록 스타, 유명한 하키선수에게만 주어지는 것은 아니다. 그것은 모든 분야의 아웃라이어에게서 보편적으로 발견되는 하나의 법칙이다."[212]

특별한 기회의 중요성에 대한 인식은 사회적 연대에도 도움이 됩니다. 미국 철학자 마이클 샌델은 재능이 은총으로 주어진 것임을 깨달을 때 그 재능에 대한 보상이 그런 재능을 갖지 못한 사람들과 공유해야 할 의무를 지닌다고 여기게 된다는 점을 강조합니다. 즉, 운명의 우연적 본성에 민감하면 할수록 우리는 우리 운명을 다른 사람들과 공유하는 동시에 공적 사안에 대해 연대해야만 하는 이유를 더 갖게 된다는 것이지요.[213] 사소한 차이에 집착하고 그 차이에 엄청난 의미를 부여하면서 자신의 누리는 엄청난 특권을 정당화하는 심리를 가진 사람들이 경청해야 할 말이 아닐까요?

37

실패는 언제나 함께하는 친구다

"실패하라. 또 실패하라. 더 낫게 실패하라."[214] 아일랜드 극작가 사뮈엘 베케트가 책상 앞에 붙여둔 글귀라고 합니다. 특히 작가들이 아주 좋아하는 말이지요. 미국 작가 메리 고든은 이 말을 소개하면서 이렇게 푸념합니다. "글 쓰는 일은 참으로 못해 먹을 일이다. 언어의 복병을 만나면 종이에 어떤 부호를 써도 머릿속에서 울리는 그 단어의 음악에, 그 순수한 이미지에 들어맞지 않는다."[215]

"실패가 아니라 실패에 대한 두려움이 당신을 멈추

게 한다." 미국 배우 잭 레몬의 말입니다. 그 두려움은 막연한 감정의 문제가 아니라 뒷감당이라는 현실적인 문제와 직결되어 있다는 게 문제지요. 멈춰야 할 때 멈출 줄 아는 것도 꼭 필요하지만, 우리는 그런 종류의 지혜엔 믿기지 않을 정도로 서투릅니다.

"나는 내 인생에서 41년을 실패하며 살았다."[216] 진공청소기로 유명한 영국 가전회사 다이슨의 창업자인 제임스 다이슨의 말입니다. 그는 영국 맘스버리에 있는 본사 로비에 그간 실패한 제품들을 전시해놓고 직원들에게 "계속 실패하라. 그게 성공에 이르는 길이다"는 말을 끊임없이 한다네요. 엔지니어란 '실패를 통해 배우는 사람'이며, '실패는 엔지니어의 숙명'이라는 게 그의 소신이라고 합니다. 41년을 실패하며 산 사람에게 어떻게 다시 성공의 기회가 있었는지 그게 궁금하긴 하지만, 실패 한 번에 세상이 다 끝난 것처럼 좌절할 필요가 없다는 건 분명하지요.

"나는 인생에서 무수히 많은 실패를 했지. 그것이 내가 성공한 이유야." 미국 농구 황제 마이클 조던이 "Just Do It(해보는 거야)"으로 유명한 나이키 광고에서 한 말입니다. 이스라엘 철학자 카를로 스트렝거는 이 광고의 심리적 효과에 대해 이렇게 말합니다. "조던은 실패 경험을 고백함으로써 시청자가 우상화된 자신과 공감하도록 만든다. 우리는 모두 실패를 하기 때문이다. 우리 가운데 99.9999퍼센트는 마이클 조던이 이룬 성공의 규모를 제대로 알지도 못하고 알 수도 없다. 그러나 광고 문구는 우리가 포기하지 않는 한 반드시 성공한다고 암시한다."[217]

미국 실리콘밸리에선 2008년부터 실패담을 공유하는 페일콘Failure Conference이 열리고 있습니다. 2013년 6월 미국의 한 IT 벤처 창업자가 실패 스토리를 블로그에 연재해 특별히 화제가 된 적이 있지요. 이에 대해 『CNN머니』는 "'실패가 명예로운 훈장'이란 말은 실리콘밸리에서 성공한 사람들에게나 통하는 말"이라며 "창업의 어두운 면에 대해 솔직하게 이야기하는 이 블로그가 미국 IT 업계에서 잔잔한 반향을 일으키고 있다"고 전했습니다.[218]

최근 한국에서도 유튜브에 50대 이혼남이 전하는 이혼 이야기, 20대에 외제차를 뽑았다가 밤마다 머리를 싸맸던 이야기, 수능 5수생이 전하는 수능 실패담, 부동산 갭 투자 실패담, 성형 실패담 등 다양한 주제의 실패담이 넘쳐난다고 합니다. '실패를 넘어 도전으로'라는 슬로건을 내세운 실패 박람회가 수년째 서울을 비롯해 강원·대구·대전·전주 등지에서 열리고 있지요.[219] 바람직한 일이긴 한데, 성공의 결의를 다지기 위한 목적인지라, 끝내 성공하지 못하면 어떡하나 하는 생각을 떨치기 어렵네요.

인도 기업 인큐브랩스InCube Labs의 창립자 미르 임란이 말했듯이, "실패는 언제나 함께하는 친구이며, 성공은 어쩌다 찾아오는 손님"입니다.[220] 성공은 어쩌다 찾아올 수도 있지만 영원히 찾아오지 않는 손님일 수도 있다는 걸 각오하는 게 좋겠네요. 더욱 현명한 방법은 세상에서 통용되는 성공의 기준과 정의를 버리고 나만의 기준과 정의를 만드는 것입니다. 이른바 '정신 승리' 아니냐구요? 왜요, 그게 나쁜가요?

38

운명의 멱살을 잡고 싶다

"운명의 멱살을 잡고 싶다." 베토벤의 말입니다. 무슨 설명이 필요할까요? 베토벤과 거의 동년배인 나폴레옹 보나파르트는 연인인 조세핀에게 보낸 편지에서 "나는 평생 나의 운명을 위해 안락, 이기심, 행복을 포함한 모든 것을 희생해왔다"고 썼지요. 이렇게 거드름 피우는 것보다는 베토벤의 처절한 투쟁의 변이 훨씬 더 가슴에 와 닿습니다. 우리 모두 운명이 나를 비탄에 빠지게 만든다면, 그의 멱살을 잡고 흔들어 보는 게 어떨까요?

"나를 감싸고 있는 밤은 구덩이 속같이 어둡다/어떤

신에게라도 정복되지 않는 영혼을 내게 주심에 나는 감사하리라/가혹한 상황의 손아귀에서도 나는 움츠러들거나 소리 내어 울지 않으리/운명의 막대기가 날 내려쳐/내 머리가 피투성이가 되어도 나는 굽히지 않으리/분노와 비탄 너머에/어둠의 공포만이 거대하고/절박한 세월이 흘러가지만/나는 두려움에 떨지 않으리/지나가야 할 문이 얼마나 좁은지/얼마나 가혹한 벌이 기다릴지는 문제되지 않는다/나는 내 운명의 주인이며/나는 내 영혼의 선장이다."[221]

영국 시인 윌리엄 어니스트 헨리의 시詩「인빅터스 Invictus(천하무적)」입니다. 17세 때에 골관절결핵으로 다리 하나를 잃은 뒤에도 꿋꿋하게 살면서 26세 때인 1875년에 쓴 시입니다. 이 시는 오늘날까지도 실패와 좌절에 빠진 사람들에게 큰 희망과 용기를 안겨주는 불멸의 시로 애송되고 있지요.

invictus는 라틴어입니다. in(~없는)+victus(~패배)=invictus(패배가 없는 자, 천하무적). invictus team은 "천하무적의 팀", tournament invictus는 "토너먼트에서 상대할 자가 없는 천하무적, 패배를 모르는 토너먼트의 구성원"이란 뜻이지요. 팀 이름으로도 활용되며, 영화에

서도 볼 수 있고, 고대 로마나 그리스 배경의 게임에서도 볼 수 있습니다.[222]

나는 내 운명의 주인임을 역설하는 명언은 무수히 많습니다. 그만큼 운명의 주인이 되기가 쉽지 않다는 걸 말해주는 건 아닐까요? "'운명'은 나약한 인간이 모든 실패에 대해 내놓는 어리석은 변명이다." 영국 작가 에드워드 불워 리튼의 말입니다. 미국 정치가 윌리엄 제닝스 브라운은 "운명은 우연의 문제가 아니다. 선택의 문제다. 기다려서 얻는 것이 아니라 스스로 성취해야 하는 것이다"고 했고, 영국 작가 앤드루 수타는 "나는 운명이란 말을 믿지 않는다. 그것은 모든 자인自認된 실패의 피난처다"고 했습니다. 미국 작가 존 올리버 홉스는 "인간은 인생의 실수들을 모두 모아 쌓아놓고선 그들이 운명이라 부르는 괴물을 창조한다"고 했고, 이탈리아 작가 이그나치오 실로네는 "운명은 약자와 낙오자의 발명품이다"고 했습니다.

다 좋은 말이지만, 너무 가혹하다는 생각이 듭니다. 운명 탓을 함으로써 마음의 위안을 찾겠다는 게 그리 나쁜 일인지 되묻고 싶어지네요. 아니면 누구처럼 그 어떤 운명이건 차라리 운명을 사랑해버릴까요? "아모르 파티amor fati(운명을 사랑하라)." 독일 철학자 프리드리히 빌헬름 니체의 말이지요. '운명애運命愛'라고도 합니다. 일어나는 모든 것을 단지 수용만 하지 말고 사랑하라는 뜻입니다.[223] 가수 김연자의 〈아모르 파티〉(작사 이건우, 2013)도 남녀 간의 사랑을 강조하고 있긴 하지만 바로 그런 취지의 노래지요.

〈당신은 나의 운명이에요You Are My Destiny〉. 캐나다 가수 폴 앵카의 1958년 히트곡 제목입니다. 운명과는 아무런 관계가 없더라도 운명이라고 우기고 우겨야만 하는 게 바로 사랑이지요. 그렇지만 사랑이 식으면 운명은 하나가 아니라 둘이 되고, 더 많이 분화될 수도 있습니다. 우리 삶의 운명도 이처럼 여러 개라면 얼마나 좋을까요?

39

평등한 사회일수록 희망은 현실적이다

"구름 뒤에서도 태양은 여전히 빛나고 있다." 미국 제16대 대통령 에이브러햄 링컨의 말입니다. 희망을 버리지 말아야 할 이유이지요. 희망은 시간의 게임이기도 합니다. 절망의 시간은 영원하지 않지요. "동트기 직전이 가장 어두운 법이다"는 격언을 음미해볼 필요가 있지 않을까요?

"심지어 죽어서도 희망이 없다." 미국의 소설가인 에드거 앨런 포의 말입니다.[224] 가난한 자는 죽어서도 버림받는 현실을 꼬집은 말입니다. 이런 사람들에겐 희망을 가지라는 말이 욕이 될지도 모르겠습니다. 그래서 프랑스 작가 마르키스 드 보브나르그는 이렇게 말했습니다. "희망이 교활한 잔꾀보다 더 많은 사람을 속인다."

"단지 물가에 서서 바라보는 것만으론 바다를 건널 수 없다. 헛된 소망에 탐닉하지 마라." 인도 시인 라빈드라나트 타고르의 말입니다. 희망과 헛된 소망을 구별해야 한다는 조언이지요. 실제로 우리는 헛된 소망을 희망이라고 부르는 실수를 저지르고 있는 건 아닐까요? 무언가를 희망한다면, 그 희망에 다가서기 위한 행동을 해야 하는 것 아닌가요?

"희망이 사라지면 곧 도덕적 타락이 뒤따른다." 미국 작가 펄 벅의 말입니다. 도덕적 타락뿐인가요? 희망이 없는데 지켜야 할 그 무엇이 남아 있겠습니까? 보수주의자는 정반대의 염려를 하지요. 영국의 보수 사상가이자 정치가인 에드먼드 버크는 "희망은 크게 가지면서 잃을 게 없는 사람들은 늘 위험하다"고 했습니다. 그런 사람들이 혁명에 가담하기 쉽다는 이유에서죠. 그러나 삶의 맨 밑바닥에 갖는 희망이 크면 얼마나 크겠습니까? 누구에게건 희망이 살아 숨 쉬며 현실로 실현될 가능성이 있는 사회, 그런 세상에서 살고 싶네요.

"바닥에 누웠을 땐 위를 보는 수밖에 더 있는가." 미국의 시장 예측가로 매사추세츠주에 뱁슨경영대학을 세운 로저 뱁슨의 말입니다. 여러 해석이 가능한 말이지만, 희망은 인간의 숙명이라는 말로 해석하고 싶네요. 주가가 바닥을 쳐서 오르기를 기대하는 것도 희망이지만, 삶의 맨 밑바닥에서 죽지 않기 위해 움켜잡을 수 있는 유일한 것도 희망이거든요.

"희망은 실현 여부를 떠나 하나의 미덕이다." 영국 철학자 앤서니 그레일링의 말입니다. 그는 그 이유를 이렇게 설명하네요. "희망을 미덕이 아닌 약점으로 해석하는 견해는 우리 모두 진실을 깨달아야 한다고 주장한다. 그러나 희망을 옹호하는 사람들은 말한다. 인간에 관한 유일한 진실은 인간에게 고통을 견디는 능력이 있다는 것과 인간은 모두 죽는다는 사실뿐이라고 말이다. 우리가 할 일은 창조밖에 없다. 그런데 희망 없이 무엇을 만들어내겠는가? 허무주의를 택할 수도 있지만 그것은 죽음보다 못한 삶이다."[225]

"평등한 사회일수록 희망은 현실적이다." 영국 사회 역학자social epidemiologist 리처드 윌킨슨이 『평등이 답이다』(2010)에서 한 말입니다. 그는 유니세프의 아동복지 보고서에서 아이들의 포부를 조사한 자료를 처음 보고, 아이들이 가진 포부와 소득 불평등 사이의 관계에 놀랐다며, 다음과 같이 설명합니다.

"아이들은 평등한 국가에서보다 불평등한 국가에서 더 큰 야망을 보이는 경향이 있었다. 평등한 사회에서는 비숙련 노동이라고 낙인찍는 일이 없기 때문일 것이다. 반면 불평등한 사회에서는 직업 선택이 경제적 성공과 화려하고 이름을 날리는 대박의 꿈에 좌우된다. 불평등한 국가일수록 아이들의 포부와 실제 기회, 그리고 기대 사이의 차이가 컸다."[226]

"하루 종일 오줌을 참으면서 희망을 가질 수는 없다. 오줌을 참을 때 필요한 건 희망이 아니라 화장실이다."[227] 장애인 변호사 김원영이 『실격당한 자들을 위한 변론』(2018)에서 장애인들에게 '희망적으로 살라'고 격려하며 '희망의 아이콘'이 되라고 주문하는 것에 대해 한 말입니다. 이렇듯 희망은 자주 기만적인 발뺌의 도구로 이용되기도 하지요. 희망이 실현 여부를 떠나 하나의 미덕이라고 할망정 제발이지 희망이라는 말로 장난치는 일은 하지 않으면 좋겠습니다.

40

꿈을 실현시키려면
꿈에서 깨어나야 한다

"젊었을 때의 꿈에 충실하라." 독일 시인 요한 실러의 말입니다. 좋은 말이지만, 말장난식으로 굳이 시비를 걸어 보자면, 나이를 좀 먹은 사람들에겐 가혹한, 아니 잔인한 말이지요. 젊었을 때의 꿈을 버린 지가 언젠데, 여전히 그 꿈에 충실하라니 이게 웬 말인가요? 가족의 생계유지를 위해 해야 할 일이 산더미 같은데, 무슨 수로 옛 꿈에 충실할 수 있단 말인가요? 차라리 '젊었을 때의 꿈'에 대한 꿈을 꾸는 게 나을 것 같습니다.

"낮에 꿈꾸는 사람들은 밤에만 꿈꾸는 사람들에겐

떠오르지 않는 많은 것을 알 수 있다." 미국의 소설가인 에드거 앨런 포의 말입니다. 그 앎으로 인해 불행해지더라도 낮의 꿈을 포기할 수 없는 게 예술가의 숙명인지도 모르겠습니다. 극심한 가난과 정신착란에 시달리던 포는 연고도 없는 메릴랜드주 볼티모어에서 무연고 병자로 쓸쓸히 숨을 거두었으며, 당시 유일한 유족이었던 사촌은 그의 죽음을 대중에 알리지 않아 10명 남짓 추모객만 참여한 채 서둘러 장례식을 마쳤고 볼티모어 공동묘지에 비석도 없이 매장했다고 합니다. 그게 꿈에 대한 대가였을까요?

"꿈을 꿀수록 믿는 게 적어진다." 미국 작가 헨리 루이 멩켄의 말입니다. 다양한 해석이 가능한 말이긴 하지만, 꿈을 꿔본 사람이라면 가슴에 와닿는 게 있을 겁니다. 꿈을 실현하는 데에 온갖 장애가 나타나고, 그 장애는 불합리한 것투성이지요. 꿈에 대한 환멸은 불신을 키우는 거름이 됩니다. 프랑스 지리학자 앙드레 지그프리드는 "꿈을 실현시키려면 꿈에서 깨어나야 한다"고 했지만,[228] 우리는 그런 환멸이 두려워 꿈에서 깨어나길 거부하는 게 아닐까요?

"당신이 개인적으로 꾸는 꿈은 그저 꿈일 뿐이지만,

우리가 함께 꾸는 꿈은 현실이다."²²⁹ 영국 가수 존 레넌의 말입니다. 그의 부인인 오노 요코의 말이었다는 설도 있지만, 두 사람은 일심동체一心同體였다고 하니 둘의 말로 봐도 무방할 것 같네요. 멋진 말입니다. 모래 알처럼 흩어져 있는 사람들의 작은 꿈들이 합해지면 그 꿈은 세상을 바꾸는 무서운 힘이 될 수 있지요.

"난, 난 꿈이 있었죠/버려지고 찢겨 남루하여도/내 가슴 깊숙이 보물과 같이 간직했던 꿈/혹 때론 누군가가 뜻 모를 비웃음 내 등 뒤에 흘릴 때도/난 참아야 했죠 참을 수 있었죠/그날을 위해/늘 걱정하듯 말하죠/헛된 꿈은 독이라고/세상은 끝이 정해진 책처럼/이미 돌이킬 수 없는 현실이라고/그래요 난, 난 꿈이 있어요/그 꿈을 믿어요/나를 지켜봐요/저 차갑게 서 있는 운명이란 벽 앞에/당당히 마주칠 수 있어요/언젠가 나 그 벽을 넘고서/저 하늘을 높이 날을 수 있어요/이 무거운 세상도 나를 묶을 순 없죠/내 삶에 끝에서/나 웃을 그날을 함께 해요."

가수 이적과 김동률의 프로젝트팀이었던 '카니발'이 부른 〈거위의 꿈〉입니다. 2007년 가수 인순이가 리메이크한 〈거위의 꿈〉은 그녀의 목소리와 개인사가 오버랩 되면서 국민가요라는 호칭을 받게 되었습니다.[230] 2007년 청룡영화제에서 인순이가 이 노래를 불렀을 때, 『포기하는 힘』(2016)의 저자인 권귀헌은 "저 차갑게 서 있는 운명이란 벽 앞에 당당히 마주칠 수 있어요"라고 열창하는 부분에서는 "소름이 돋았다"고 말합니다.

그렇긴 하지만 권귀헌이 정작 던지고자 하는 메시지는 '강요된 거위의 꿈'입니다. "무모한 모험을 권장해서는 안 된다. 그런 문화가 유행하는 것은 위험하다. 더군다나 꿈을 좇는 대가로 잃게 되는 것들을 당사자 스스로 고민하지 않는다면 삶은 후회로 가득 찰 것이 분명하다."[231] 최소한의 자존을 지키기 위한 꿈과 신분 상승을 위한 세속적인 꿈을 구분하는 게 필요할 것 같네요. 후자의 경우, 꿈은 양날의 칼인 셈이지요.

41

이상은 별과 같다

"이상은 별과 같다. 우리는 결코 별에 도달하지 못하지
만 바다의 항해사들처럼 그걸 보고 우리의 나아갈 길을
결정한다." 미국 언론인이자 정치가인 칼 슈츠의 말입
니다. 이상에 대한 가장 좋은 비유적 정의가 아닌가 싶
네요. 이상을 놓치면 안 되지만, 이상이 현실이 아니라
는 것도 분명한 사실이니까요. 이상의 끈을 놓지 않은
현실주의자가 되는 것도 쉬운 일은 아닙니다. 아예 "나
의 사전엔 이상이 없다"는 식으로 사는 사람도 많은 세
상이 아닌가요.

"이상이 숭고한 이유는 그것이 초월적이어서가 아니라 우리에게 넓은 관점을 제시해주기 때문이다."[232] 프랑스 사회학자 에밀 뒤르켐의 말입니다. "고상하고 이상적인 동기에 따라 행동하지 않은 시대는 결코 위대한 적도 없고 또 위대해질 수도 없다."[233] 영국 수학자이자 철학자인 앨프리드 노스 화이트헤드의 말입니다.

"행동 없는 말은 이상주의의 암살자다." 미국 제31대 대통령 허버트 후버의 말입니다. 1929년 대공황에 책임을 면할 수 없는 후버가 이런 말을 했다니, 좀 웃긴다는 생각이 듭니다. 그에겐 미국 작가 헨리 루이 멩켄의 다음 말이 어울리는 게 아닐까요? "이상주의자란 장미가 양배추보다 향기로우니까 장미 수프가 양배추 수프보다 맛있을 것이라고 결론 내리는 사람이다."[234]

"모든 이상 따위는 버려라. 보편적 법칙이란 없다." 영국 작가 D. H. 로런스의 말입니다. 그는 이런 말도 했지요. "관념들이나 한 가지 이상에 기초를 둔 도덕은 순화되지 않은 악이다."[235] 크게 보아 이 계열에 속한다고 볼 수 있는 국문학자이자 작가인 마광수는 「신념의 공해」에서 이렇게 말했지요. "이 세상의 악과 불행은 이상의 결핍 때문에 비롯되지는 않는다. 되레 모든 악과 불행은 오로지 잘못된 이상, 잘못된 신념으로부터 발생하는 것이다."[236]

"지나치게 이상주의적으로 가지 마라. 비전은 보람 있는 도전을 해보자는 것이지만, 부하들이 그것을 지나친 야망이거나 비현실적이라고 생각하면 그 힘을 잃는 법이다."[237] 미국 리더십 전문가 버트 나누스의 말입니다. "모든 위대한 인물은 몽상가다"는 말이 있지만, 현실세계에선 몽상은 말할 것도 없고 이상마저 좋은 대접을 받진 못하지요.

그래서 2000년 미국 대선에서 민주당 대통령 후보였던 앨 고어는 '실제적 이상주의practical idealism'라는 개념을 제시했습니다. 이상과 현실의 조화를 위해 '실용주의적 유토피아주의pragmatic utopianism'라는 말도 쓰이는데, 이런 모순어법에 대해 우파들은 좌파들의 전략이 "점진적 혁명piecemeal revolution인가, 아니면 앞문이 아닌 뒷문으로 들어가서 하는 혁명인가?"라고 꼬집었지요.[238] 이상은 과유불급過猶不及의 원칙을 지켜야 할 양념에 불과한 걸까요?

"흔히 현실이 이상을 죽이는 것처럼 여겨지기 때문

에, 우리는 그 현실을 죽여야만 이상을 보존할 수 있다고 생각한다."[239] 프랑스 철학자 베르트랑 베르줄리의 말입니다. 실제로 우리는 그런 말을 많이 듣고 살지요. "당신은 너무 현실적이야"라는 말은 좋은 뜻으로 쓰이진 않습니다. 비판할 게 있으면 다른 단어를 택해 비판할 일이지 왜 '현실'을 걸고넘어질까요? 이상과 현실은 서로 만나선 안 될 상극이라는 걸까요? 그렇게 말하는 사람에게 "당신은 너무 이상적이야"라고 말한다 한들, 둘 다 좋은 의미는 아닐망정 타격을 더 받는 쪽은 "당신은 너무 현실적이야"라는 말을 듣는 쪽이지요. 뭔가 좀 이상하다는 생각이 듭니다.

42

냉소주의자는
맛이 간 이상주의자다

"냉소주의자는 사람의 좋은 점은 보지 않으면서 나쁜 점을 보는 데엔 귀신같은 사람이다." 미국의 목사이자 노예폐지 운동가였던 헨리 워드 비처의 말입니다. 그런 특성은 비단 냉소주의자에게만 국한된 것은 아니지요. 우리는 모두 어느 정도는 냉소주의자입니다. 냉소주의가 나쁘기만 한 것도 아닙니다. 물이 절반만 채워진 잔을 놓고 "이 잔엔 반이 찼는가, 아니면 반이 비었는가?" 라고 질문을 던지면 낙관론자는 "절반이 채워져 있다", 비관론자는 "절반이 비어 있다", 냉소주의자는 "절반의 물을 누가 마셨는지 궁금하다"고 말한다는 우스갯소리

가 있지요.[240]

"냉소주의자는 맛이 간 이상주의자다." 미국 작가 앰
브로즈 비어스의 말입니다. 하긴 냉소주의자의 모든 기
준은 최상의 이상에 맞춰져 있습니다. 그걸 근거로 현
실의 부족한 점을 비꼬는 심통을 부리지요. 극과 극은
통한다는 말 그대로, 냉소주의자는 그런 점에서 이상주
의자인 셈입니다. 문제는 이상을 추구한다기보다는 현
실을 비판하기 위해 이상을 이용하는 것인데, 그게 바
로 '맛이 간' 게 아니냐는 주장으로 볼 수 있겠네요.

"정확한 관찰의 힘은 그걸 갖지 못한 사람들에 의해
냉소주의로 불린다."[241] 영국 작가 조지 버나드 쇼의 말
입니다. 사실 냉소주의 사상엔 자족自足, self-sufficiency과
자기통제self-control 등 좋은 점도 많았는데, 후세에 좋
지 않은 점만 부각되었습니다. 일반적으로 냉소주의에
대한 평가는 부정 일변도지만, 냉소는 권위에 대한 풍
자적이고 반어적인 반응의 하나로, 지배 질서의 위선을
우스꽝스럽게 만드는 것이기도 합니다. 냉소주의의 그
런 점이 더 부각되면 좋겠네요.

"철학이 말하는 대로 살려면 위선적이 될 수밖에 없

기 때문에 바로 우리가 살고 있는 바를 말할 수 있는 표현 양식이라 할 뻔뻔함을 발휘하자."[242] 독일 철학자 페터 슬로터다이크의 말입니다. 냉소주의의 재건을 주장하는 그는 '뻔뻔함'을 새로운 철학적 사유 양식으로 제시했지요. 탈형이상학적인 현실적 삶에 대해 긍정하면서 건강하고 즐거운 삶을 적극적으로 추구하자는 뜻에서 말입니다.

이런 주장에 동의하건 동의하지 않건 생각해볼 점을 제시해주는 건 분명합니다. 비단 철학뿐만 아니라 공식적으로 발설되는 당위적인 삶의 기준에 맞춰 살려면 위선적이 될 수밖에 없다는 걸 뻔히 알면서도 우리는 왜 그런 당위에서 벗어나는 사고와 행동을 비판하는 걸까요? 자신이 지키지도 못할 당위를 끌어안으면서 남에게 큰소리를 치는 모습에서 냉소주의가 무럭무럭 자라는 모습이 떠오르지 않는가요?

한국인은 냉소주의를 사랑하지만 영원한 냉소주의자는 아닙니다. 그들의 가슴 한구석엔 뜨거운 정열이 꿈틀대고 있기 때문이다. 정치를 봅시다. 한국인은 정치를 저주하는 동시에 숭배합니다. 한국인들이 정치를 저주하기만 한다면 사회 각 분야에서 명성을 쌓은 사람들이 선거 때만 되면 줄줄이 정치판에 뛰어드는 일은 결코 일어나지 않을 겁니다. 물론 배신과 기만은 계속 반복됩니다. 그래서 대중은 다시 냉소로 돌아서지만, 언제든 기회만 닿으면 폭발할 만반의 준비는 갖추고 있습니다.

냉소주의는 늘 최악을 준비하는 삶의 자세였습니다. 공적 영역엔 불신을 보내되, 사적 영역에선 신뢰할 수 있는 연고를 키우고 자녀 교육에 목숨을 거는 처세술이었지요. 냉소의 사전엔 실망과 좌절이 없습니다. 배신을 당할 일도 없고 상처를 입을 염려도 없으니까요.

냉소주의가 지배하는 사회는 언어의 인플레이션이 만연합니다. 너나 할 것 없이 냉소의 벽을 깨기 위해 책임지기 어려운 말을 쏟아내기 때문입니다. 선의에서 비롯된 것일망정 그 결과는 참혹한 것일 수 있습니다. 냉소의 벽을 더욱 두텁게 만들기 때문입니다. 냉소를 오만하게 깨려 들지 말고 겸허하게 껴안는 지혜가 필요한 시대입니다.

43

나의 지식은 비관적이지만 의지는 낙관적이다

"낙관주의자는 장미를 볼 때에 가시는 보지 않지만, 비관주의자는 가시만 본다." 레바논 출신의 미국 작가 칼릴 지브란의 말입니다. 꽃과 가시를 동시에 보는 게 그리 쉬운 일만은 아닌가 봅니다. "낙관주의자는 모든 문제에서 기회를 발견하고, 비관주의자는 모든 기회에서 문제를 발견한다."[243] 독일 심리학자 엘프리다 밀러-카인츠의 말입니다. 기회와 문제를 동시에 보는 것도 그리 쉬운 일이 아니란 말인가요?

장애인으로 큰 업적을 이룬 헬렌 켈러는 비관주의의

문제를 이렇게 지적했습니다. "비관주의자들은 별의 비밀을 발견해낸 적도 없고, 지도에 없는 땅을 향해 항해한 적도 없으며, 영혼을 위한 새로운 천국을 열어준 적도 없다."[244]

"늘 최악을 상상하는 비관주의자에게 예상치 못한 일이 일어난다면 그것은 필경 즐거운 일일 것이다."[245] 미국 미스터리 작가 렉스 스타우트의 소설 속 인물인 네로 울프의 말입니다. 그럴 수도 있지만, 그렇지 않을 수도 있지요. 상상을 초월하는 나쁜 일이 일어날 수도 있지 않을까요? 실제로 우리는 그런 일들을 자주 보고 있지 않나요?

"지독한 비관주의는 대책 없는 낙관주의 이상으로 비현실적이다." 인도 출신의 미국 경영 컨설턴트 램 차란의 말입니다. 그는 부하 직원들로 하여금 무엇이 가능한가 하는 비전에 집중하게 하여 그 비전을 실현할 수 있는 방안을 찾도록 자극해야 한다고 역설합니다. 극과 극은 통한다는 말이 이 경우에도 적용된다고 볼 수 있겠네요.

"돌이켜보니 처음부터 불리했기 때문에 실패할 수밖

에 없었다." 어떤 일에 실패한 사람들이 흔히 하는 말로, 이는 낙관주의자들이 실패를 좀더 쉽게 받아들이기 위해 사용하는 심리적 전략입니다. 이를 가리켜 '소급성 비관주의retroactive pessimism'라고 하지요.[246]

미국 심리학자 줄리 노럼은 걱정은 자신을 지키려는 '방어적 비관주의defensive pessimism'일 수 있다고 주장합니다. 방어적 비관주의는 부정적 결과를 예상하고 걱정하는 사람들이 안 좋은 결과가 생기는 것을 막기 위해 자신의 걱정과 근심을 유리하게 이용하는 전략이지요. 노럼이 비관주의적 성향을 가진 사람들이 성공할 수 있었던 비결을 분석해보았더니 그게 바로 '방어적 비관주의'였다는 겁니다.[247]

"낙관주의자는 어디서나 푸른 신호등을 보고, 비관주의자는 빨간 신호등만 본다. 참으로 지혜로운 사람은 색맹이다."[248] 독일계의 프랑스 의사이자 사상가인 알베르트 슈바이처의 말입니다. 이 말은 개그에 가깝지만 다음 말은 진지합니다. "나의 지식은 비관적이지만 나의 의지와 희망은 낙관적이다." 우리의 삶의 슬로건으로 삼아도 좋을 것 같습니다. '이성적 비관, 감성적 낙관'이라고 해도 좋고, '비관적 이성, 낙관적 감성'이라고 해도 좋겠네요.

　사실 살아가는 데 지치다 보면 자신의 꿈과 이상을 쓰레기통에 내던져버리고 싶은 유혹을 받을 때가 많습니다. 아니 그건 유혹이라기보다는 사실상의 '압박'에 가깝지요. 비루한 현실에서 꿈과 이상을 떠올리면 자조自嘲하게 되니, 그것도 못할 일이 아닌가요. 그런데 문제는 그런 현실이나마 견뎌낼 수 있게 만든 동력은 바로 꿈과 이상이었다는 점입니다. 이럴 수도 없고 저럴 수도 없는 이런 딜레마 상황에서 어찌할까요? "나의 지식은 비관적이지만, 의지는 낙관적이다"는 명언에서 위로를 찾을 수 있지 않을까요? 행여 모순이라거나 말장난이라고 내칠 일이 아닙니다. 이성과 감성의 분리는 처음이 어려워서 그렇지 곧 적응하게 되니까요.

44

나를 죽일 총알은 아직 발사되지 않았다

"나를 죽일 총알은 아직 발사되지 않았다." 나폴레옹 보나파르트의 말입니다. 체코 출신의 프랑스 작가 밀란 쿤데라는 "낙관주의는 인민의 아편이다"고 했는데, 낙관주의야말로 나폴레옹의 아편이었던 셈이지요. 그는 그 아편의 힘으로 "내 사전에 불가능은 없다"고 큰소리 치지 않았던가요.

"젊은 비관주의자도 가관이지만 그보다 더 비극적인 건 늙은 낙관주의자다." 미국 작가 마크 트웨인의 말입니다. 그런데 이거 '나이 차별ageism' 아닌가요? "주름이

빛나도록 살아보자"고 외치는 사람들에겐 너무 가혹한 말인 것 같습니다.[249]

"낙관주의자는 흑을 백이라고 주장하는 사람이다."[250] 미국 작가 앰브로즈 비어스가 『악마의 사전』에서 한 말입니다. 아무리 '악마의 사전'이라지만, 좀 심하네요. 미국 유머리스트humorist 돈 마키스의 다음 말이 무난할 것 같습니다. "낙관주의자는 충분한 경험을 갖지 못한 사람이다." 더 점잖게 말하자면, 프랑스 사회학자 레이몽 아롱의 다음 말은 어떤가요. "사람들은 자주 지적 오류의 결과를 낙관주의라고 생각한다."[251]

"낙관주의는 신뢰할 수 있을 때는 유쾌하지만 신뢰하기 어려울 때는 엄청나게 짜증스럽다." 영국 철학자 버트란드 러셀의 말입니다. 그는 그 이유에 대해 이렇게 말합니다. "타인들의 불행을 두고 낙관하는 것은, 그 불행을 어떻게 없앨 것인가 혹은 좀더 줄일 것인가에서 아주 구체적인 제안이 병행되지 않는 한 대단히 위험스러운 짓이다."[252]

대체적으로 보자면 우리 인간은 낙관주의에 더 경도되어 있습니다. 흡연자들은 내심 이런저런 이유를 들어 자신이 폐암에 걸릴 가능성을 낮게 평가하며, 운전자 역시 자신의 교통사고가 날 가능성을 낮게 평가하는 경향이 있지요. 그 밖에도 사람들은 자신이 범죄의 피해자가 될 가능성, 사업에 실패할 가능성을 낮게 보는 경향이 있는데, 이걸 가리켜 '낙관주의 편향optimism bias'이라고 합니다.[253] 영국의 뇌 과학자 탈리 샤롯이 지적했듯이, "내일이나 다음 주 또는 50년 후 등 미래를 예측할 때 우리는 긍정적인 사건이 일어날 확률을 과대평가하는 반면 부정적인 사건이 일어날 확률은 과소평가한다."[254]

낙관주의를 갖더라도 '전략적 낙관주의strategic optimism'를 갖는 게 어떨까 싶네요. 이는 미국 심리학자 줄리 노럼이 제시한 것으로, 최상의 결과를 예측하면서 마음을 차분하게 가라앉히고 기대 수준을 높이 설정하는 것을 말합니다. 이런 유형의 사람이지요. "늘 쾌활하다. 어디에서든 자신의 에너지를 발산하고 주변 사람들은 그의 자신감과 뛰어난 유머 감각에 뜨거운 호응을 보낸다. 새로운 시도를 할 때 주저하는 법이 없고, 자신에게 새로운 아이디어를 들고 오는 사람들에게도 언제나 용기를 북돋워준다. 이런 그에게 부족한 점이 있다면 바로 비관주의자들에 대한 인내심이다."[255]

낙관주의와 비관주의를 적절히 융합하는 게 가장 좋을 것 같은데, 이게 의외로 쉽지 않습니다. 우리 인간에겐 어느 한 방향을 택해 그쪽으로만 나아가려고 하는 성향이 있으니 말이지요. 죽을 때 죽더라도 "나를 죽일 총알은 아직 발사되지 않았다"며 허세를 부려야만 직성이 풀린다면, 마음대로 생각하라고 내버려둬야지 어쩌겠습니까?

45

쾌락은 경험하기 직전에
최고조에 이른다

"기대는 삶의 장애물에 불과하다. 내일을 기대하느라
오늘을 잃게 되기 때문이다."[256] 로마 철학자 세네카의
말입니다. 그렇기도 하지만 기대하는 즐거움이라는 것
도 있지요. 무슨 일이건 기대가 클 경우 막상 겪어보면
기대했던 것보다 실망하게 되는 경우가 많습니다. 오늘
할 일을 하면서 내일을 기대하면 안 될까요?

"우리가 기대한 건 좀처럼 일어나지 않고 우리가 예
상치 않았던 건 잘 일어난다." 미국 정치가이자 발명가
인 벤저민 프랭클린의 말입니다. 사실 우리 인생살이가

그렇지요. 좋은 일보다는 좋지 않은 일이 일어나는 경우가 많은데, 우리는 좋지 않은 일을 기대하진 않습니다. 하지만 기대하지 않았던 좋은 일도 일어나니, 세상만사 뜻대로 되는 건 아닌가 봅니다.

"쾌락은 경험하기 직전에 최고조에 이른다는 데에 동의한다면, 고생도 그렇다는 걸 명심하라." 미국 작가 앨버트 허버드의 말입니다. 좋은 의미에서건 나쁜 의미에서건 기대의 힘이 그만큼 크다는 뜻입니다. 고생도 막상 해보면 익숙해지는 법이지요. 그러니 고생할 게 분명한 일을 할 때에 너무 겁먹을 필요는 없을 것 같네요.

"폭탄이 터지는 것에는 공포가 없다. 공포는 오직 폭발이 일어나리라는 예감에 존재한다."[257] 공포 영화의 대가인 영화감독 앨프리드 히치콕의 말입니다. 공포 영화를 본 사람이라면 누구든 잘 알 겁니다. 언제 가장 무서웠나요? 곧 공포스러운 장면이 나올 것이라고 예상을 할 때에 가장 무섭지 않았던가요? 영화감독들은 이점을 교묘하게 잘 이용하지요.

"파티에 가서 좋은 인상을 남기겠다고 의식적으로 애쓰면 오히려 성공하지 못할 확률이 높다."[258] 영국 작가 C. S. 루이스의 말입니다. 사실 우리는 운동선수들에게서 이런 증언을 수없이 많이 듣습니다. 매우 중요한 시합이기 때문에 잘하려고 애쓰는 마음이 오히려 평정심을 잃게 해 좋지 않은 결과를 낳더라는 증언 말입니다. 이를 '기대 불안'이라고 합니다. 높은 기대나 의욕 때문에 오히려 일을 망치는 일은 우리의 일상적 삶에서도 자주 일어나지요. 일본 철학자 나카지마 요시미치는 '기대라는 이름의 흉기'라는 표현까지 써가면서 기대를 잘 관리하라고 주장합니다.[259]

기업들은 기대의 이런 속성을 간파해 이른바 '기대 관리법expectations management'이라는 고객 관리술을 만들어냈지요. 기업은 고객을 만족시켜야 살아남을 수 있기 때문에 그것이 불가능할 때에는 고객의 기준치를 낮춰 만족감을 느끼게 하는 방법을 말합니다.

기대 관리법의 주요 방법은 '전략적 무능strategic incompetence'입니다. 하기 싫은 일이 있을 때 능력이 없어 못한다는 핑계로 그것을 교묘하게 피해가는 것을 말합니다. 가정이나 직장에서 "빨래는 내가 할게. 그런데 내가 당신 옷을 버릴까봐 걱정이야"라거나 "잘 알잖아. 내가 야유회 관련해서는 통 아는 게 없다는 걸"이라고

말하는 식이지요. 이에 대해 영국 저널리스트 올리버
버크먼은 다음과 같이 말합니다.

"기대 관리법은 힘든 일을 무조건 회피하려고만 하
는 게으른 사람들의 전유물이 아니다. 직장 상사, 사업
파트너, 자녀가 끝없이 무언가를 요구하면서 자신들의
요구를 우리가 무조건 다 들어줄 것이라고 기대할 때
그 기대를 버리도록 하는 데 전략적 무능이 좋은 역할
을 한다."[260]

자주 큰 액수의 용돈을 요구하는 자녀에게 자신의
경제적 무능을 탓하는 신세타령을 해본 아버지가 있다
면, 그는 바로 '전략적 무능'에 의한 '기대 관리법'을 구
사한 것이라고 볼 수 있겠습니다. 연애할 땐 '전략적 유
능'의 자세를 취하다가 결혼 후엔 '전략적 무능'으로 돌
변하는 남자가 많습니다. 있는 그대로 사는 게 제일 편
할 것 같은데, 그게 쉽지 않은가 봅니다.

46

인정 많은 사람이라면 약간의 약점은 있어야 한다

"사람마다 장점과 그에 따르는 결점이 있는 법이다." 너무도 당연한 격언이지만, 세상은 그렇게 공평하게 돌아가진 않습니다. 어떤 장점이며 어떤 결점이냐에 따라 세인의 평가는 크게 달라지지요. 사람들 사이에서 장점과 결점의 무게가 공평한 대접을 받는 것도 아니고요.

17세기 프랑스 작가로 풍자와 역설의 잠언으로 유명한 프랑수아 드 라로슈푸코는 "우리는 우리에게 큰 결점이 없다는 걸 은근히 알리기 위해 작은 결점들을 고백한다"고 했고, 미국 정치가이자 발명가인 벤저민 프랭클린은 "인정 많은 사람이라면 친구들의 낯을 세워주기 위해서라도 약간의 결점은 있어야 한다"고 했지요.

그 누구건 자신의 결점이나 약점에 대해 솔직하기는 어렵지만, 사람마다 정도 차이가 있습니다. 서열이 낮고 자신감이 약한 사람일수록 자신의 약점이 공개되는 걸 두려워하지요. 이걸 간파한 자기계발 전문가들은 이른바 '약점 공개법'이라는 대안을 제시했습니다.

미국의 경영 컨설턴트 키이스 페라치는 "나는 약점을 공유하는 것이 그 약점으로부터 벗어나는 방법이라는 사실을 깨닫는 데 수십 년이 걸렸다"며 상대방에게 자신의 약점을 스스로 공개하라고 권합니다. "그 보상은 정말 엄청나다. 믿어도 좋다! 사람들에게 당신을 드러내는 순간, 외로움은 멀리 사라질 것이다. 그들의 관심과 공감을 얻을 뿐만 아니라 다른 사람들이 정말로 당신을 돕고 싶어 한다는 사실을 깨닫게 될 것이다."[261]

그럴 수도 있지만 그렇지 않을 수도 있지요. 좋은 사람들로 이루어진 집단에선 그런 일이 일어날 수도 있겠지만, 그렇지 못한 집단에선 정반대의 일이 일어날 수도 있다는 겁니다. 약점의 공개와 관련해 꼭 따라붙는 것이 있지요. 그건 바로 '믿는 구석'입니다. 즉, 자신의 약점 공개는 그걸 상쇄하고도 남을 자신의 강점이 있을 때, 즉 믿는 구석이 있을 때에 할 수 있는 것이지, 그게 없는 사람에겐 결코 쉬운 일이 아니라는 이야기죠. 자기계발서들엔 자신의 약점을 자기 비하성 유머의 소재로 삼는 법들도 추천하고 있는데, 이것 역시 '믿는 구석'이 없으면 하기 어려운 것이지요.

그렇다면 스스로 '믿는 구석'을 만들려는 시도를 해보는 건 어떨까요? 그건 바로 자신의 강점을 열심히 키우고 최대한 활용하면서 약점은 그렇게 하는 데에 방해가 되지 않게끔 관리하는 것입니다. 이건 마커스 버킹엄의 아이디어인데, 그는 "많은 사람은 약점에 대한 두려움 때문에 강점에 대한 자신감을 뒤로 숨기고 있다"며, "약점을 강점으로 변화시킬 수는 없다는 사실은 잊지 마라"고 말합니다.[262] 즉, 자신이 못하는 것을 잘하려고 하지 말고 잘하는 것을 잘하라는 이야기죠.

자신에겐 키우고 활용할 만한 강점이나 잘하는 게 없다고 버티면 하는 수 없긴 하지만, 문제는 약점은 감추려고 애쓴다 해서 감춰질 수 있는 게 아니라는 점이지요. 주변 사람들은 다 압니다. 알고서도 모르는 척해주는 것일 뿐이지요. 그렇다면 어떻게 해야 할까요? 그래도 계속 약점을 감추려는 시도를 계속 밀고 나가는 게 좋을까요? 그렇게 하겠다면 말릴 수는 없지만, 적어도 가까운 사람에겐 그렇게 하지 않는 것이 좋습니다. 그래도 공개하지 않겠다면 하는 수 없지만, 적어도 공개에 겁을 먹을 정도로 감추기 위해 애쓰진 않는 게 좋다는 겁니다. 그렇게 하는 데에 너무 많은 에너지가 소모되거니와 상호 신뢰 관계에 문제가 생기기 때문입니다.

자신의 약점을 당당하게 드러내면서 오히려 큰소리를 치는 대표적 사례로 자주 거론되는 인물이 미국 '토크쇼의 여왕' 오프라 윈프리입니다. 윈프리가 철저하게 개인 중심적인 자기계발을 역설하는 것엔 동의할 수 없지만, 그래도 배울 점은 있습니다. 윈프리는 자신의 약점에 신경 쓰는 세상을 이렇게 비웃었지요. "흑인이었다. 사생아였다. 가난했다. 뚱뚱했다. 미혼모였다. 그래서? 그게 뭐 어쨌다고?"[263]

박수를 쳐주고 싶네요. 그렇습니다. 바로 이거지요. "그래서? 그게 뭐 어쨌다고?"가 정답입니다. 물론 윈프리에겐 말을 잘하고 친화력이 뛰어나다는 '믿는 구석'이 있었을 겁니다. 그러나 자신에겐 그런 게 없다고 하더라도 속마음으로나마 "그래서? 그게 뭐 어쨌다고?"를 외치면 마음이 한결 편해집니다. 윈프리처럼 정면 돌파를 하거나 자신의 약점을 자기 비하성 유머의 소재로 삼는 경지는 넘보지 못한다 하더라도 그걸 감추려고 불안해하는 모습은 다시 생각해볼 필요가 있다는 것이지요. 자신이 감추고 싶은 약점이 공개된다면 평온이 깨지겠지만, 그건 일시적인 겁니다. 반면 자신의 약점이 알려질까봐 전전긍긍함으로써 평온이 훼손당하는 것은 내내 지속됩니다. 어떤 게 나은지 한 번쯤 깊이 생각해볼 일입니다.

47

우리가 가장 쉽게 인정하는 결점은 게으름이다

"미국인들은 끊임없이 생산적인 것을 가장 행복하게 생각하며 게으름을 도덕적인 문제로 간주하는 반면, 유럽인들은 게으름을 탐내고 부러워한다."[264] 미국 사회 비평가 제러미 리프킨이 『유러피언 드림』(2004)에서 한 말입니다.

리프킨은 미국과 유럽의 차이 중 대표적인 것으로 게으름에 대한 철학을 꼽았습니다. 사실 바로 이게 미국과 유럽의 갈등을 일으키는 이유가 되기도 하지요. 대부분의 유럽인들은 미국인들의 '부지런함'을 경멸하는 경향이 있는 반면 미국인들은 유럽인들의 게으름을 경멸합니다. 하지만 게으름은 상대적인 문제지요. 미국인들은 유럽인들에 대해선 게으르다고 흉보면서도 과거 자신들보다 더 부지런한 일본인에 대해선 '경제동물'이라거나 '일벌레'라고 폄하했지요.[265]

유럽의 대표적인 게으름 예찬론자는 프랑스 작가이자 카를 마르크스의 사위인 폴 라파르그입니다. 그는 "노동자계급의 머릿속에서 지배계급이 새겨 넣은 편견을 말끔히 지워버려야 한다"며 『게으를 수 있는 권리』(1883)라는 책을 썼지요. 그는 이 책의 서문에서 "자본주의 문명이 지배하는 국가의 노동자계급은 기이한 환몽에 사로잡혀 있다"며 "노동에 대한 사랑, 일에 대한 격렬한 열정이 바로 이러한 환상의 한가운데 자리 잡고 있다"고 주장했습니다. 프랑스 노동자계급에 큰 영향력을 행사한 이 책은 지금까지도 널리 읽히고 있는데, 이런 게으름뱅이 철학의 기본 원칙은 노동과 놀이를 통합해야 한다는 것이지요.[266]

영국 철학자 버트런드 러셀도 못 말리는 게으름 찬양론자입니다. 그는 1935년에 출간한 『게으름에 대한 찬양』에서 "'근로'가 미덕이라는 믿음이 현대사회에 막

대한 해를 끼치고 있다"며 "노동 윤리란 노예의 윤리일 뿐이다. 오늘날 노예는 필요 없다"고 주장했습니다. 기술 발달로 과거의 노동 윤리는 시대에 뒤떨어진 것이 되었기 때문에 이제 "행복과 번영으로 가는 길은 조직적인 노동의 축소에 있다"는 것입니다.[267]

영국의 게으름 운동가 톰 호지킨슨은 러셀의 후예입니다. 그는 "게으름뱅이는 현재 벌어지는 일에 대해서 사유하는 사람이었다"며 이렇게 말합니다. "그런데 요즘엔 누군가를 게으르다고 말할 경우에, 단지 고용주가 요구하는 일을 믿고 따르지 않는다는 이유에서 그런 평가를 내리는 걸 볼 수 있다. 우리는 세상만사에 의문을 던지기로 결론을 내렸다. 그 결과 무정부주의와 자유의지론에 가까운 정치관을 갖게 되었다."[268] 시인인 바이런, 키츠, 셸리 등은 빈둥대고 지내면서 시를 썼으며, 그들의 시는 수많은 사람의 삶을 향상시켰다는 게 이런 게으름 운동가들의 주장입니다.

하지만 자신의 게으름을 당당하게 고백하는 사람이 많은 걸 보면 굳이 그런 운동을 하지 않아도 될 것 같네요. 프랑수아 드 라로슈푸코는 이미 오래전 이렇게 말하지 않았던가요. "모든 결점 중에서 우리가 가장 쉽게 인정하는 결점은 게으름이다. 게으름이 우리 미덕을 편안하게 감싸줄 뿐 아니라, 미덕을 파괴하기는커녕 그저 활동을 유보시키는 정도라고 믿기 때문이다."[269]

게으름에 좋고 아름다운 점이 있는 건 분명하지만, 보통 사람들에겐 여전히 사치스러운 것입니다. 게으름 예찬론은 매우 부지런한 정신노동에 의해 탄생했다는 것도 감안할 필요가 있겠네요. 과연 무엇을 위한 게으름이며 부지런함인가 하는 것도 하나의 변수가 될 수 있다는 뜻입니다.

또 하나 중요한 점은 노동을 하건 게으름을 피우건 그걸 즐길 수 있느냐 하는 것입니다. 게으름을 못 견디고 일해야 행복하다는 사람에게 제발 게으름 좀 피우라고 말할 수는 없는 것 아닌가요? 그게 바로 '일중독'이라고 지적할 수는 있겠지만, 그건 개인의 문제라기보다는 그렇게 해야만 생존과 성장이 가능했던 사회적 차원의 문제가 아닌가 싶네요. 게을러도 먹고사는 데에 전혀 지장 없는 그런 세상에서 살고 싶지만, 그게 과연 가능할지는 의문입니다.

48

일 없이는 존엄도 없다

"미국은 '노동의 땅'이다." 미국 정치가이자 발명가인 벤저민 프랭클린의 말입니다. "일을 하라. 그로 인해 내가 당신을 알게 될 것이다." 미국 철학자 랠프 월도 에머슨의 말입니다. 그는 또 "일을 하라. 그러면 당신은 스스로 강해질 것이다"고 했지요. "일은 모든 것과 연결되는 통로다. 이것은 영예의 관점도 바꾼다." 프랑스 사상가 알렉시 드 토크빌이 미국 여행 후에 내린 미국인에 대한 평가입니다. "일에 대한 찬송과 진보에 대한 믿음이 미국의 가장 큰 두 가지 신념이다."[270] 미국 하버드대학 교수를 지낸 스페인 출신의 철학자 조지 산타야

나의 말입니다.

이렇듯 미국은 일을 위해 태어난 나라였지만, 드물 게나마 이단자도 있긴 했습니다. "이 세계는 비즈니스 위주다. 끝없는 부산함의 세계! 나는 한밤중에 기관 차 소리 때문에 잠을 깬다. 내 꿈을 방해한다. 안식일 은 없다. 사람들이 쉬는 것을 한 번이라도 본다면 정말 영광일 것이다. 오직, 일, 일, 일뿐이다." 미국 초월주의 작가 헨리 데이비드 소로가 일중독자인 미국인들의 생 활 태도를 비판하면서 한 말입니다. 그는 "그렇게 돈을 버는 방식은 예외 없이 타락을 불러온다"고 경고했지 만,[271] 좋건 나쁘건 미국인들은 그런 일중독 덕분에 세 계 최강국이 되었으니 그런 삶의 태도를 바꿀 리는 만 무했지요.

영국인들은 다른 유럽인들보다는 부지런했지만, 미 국인들만큼 일을 맹목적으로 예찬하진 않았습니다. "최 고의 성취는 일과 놀이의 경계를 허무는 것이다."[272] 영 국 역사가 아널드 토인비의 말입니다. "완벽한 자유는 하고 싶은 일을 하면서 그 일로 생계를 이어가는 인간 을 위해 준비되어 있다."[273] 영국 철학자 로빈 콜링우드 의 말입니다.

"불행의 비결은 내가 행복한지 행복하지 않은지 고민할 시간을 갖는 것이다. 치유책은 일이다." 영국 작가 조지 버나드 쇼의 말입니다. "일을 한다는 건 뭔가에 몰두하고 있다는 걸 의미하니까. 뭔가에 몰두해 있는 사람은 행복하지도 불행하지도 않다. 움직이며 살아 있을 뿐. 그건 행복보다 기분 좋은 상태다. 그 일로 몸이 지치기 전까지는. 그래서 행복하려면 일단 피곤해져야 하는 것이다."[274]

웬만큼 사는 나라들에선 '일중독' 문제가 심각하다고 아우성치지만, 많은 제3세계 국가에선 일자리가 없는 게 고통의 근원입니다. "탈레반은 종교가 아니라 돈을 위해 싸우고 있다. 만약 그들이 일자리를 갖는다면 전쟁을 중단할 것이다." 아프가니스탄의 지역 지도자 샴셰어 칸이 『타임』(2009년 4월 20일) 기자에게 한 말입니다(탈레반은 아프가니스탄의 회교 근본주의 무장 세력입니다).

"일 없이는 존엄도 없다." 두 사람 중 하나가 실업 상태인 튀니지에서 외쳐지는 구호입니다. 독일 철학자 페터 비에리는 이 구호를 인용하면서 일은 물질적 자립이라는 면에서 인간의 존엄성을 보장해주지만, 자신의 능력에 자부심을 느낄 수 있는 경험을 하느냐 하는 것

또한 중요하다고 말합니다. 자신이 무언가 가치 있다고 느낄 수 있어야 한다는 것이지요.[275] 그런데 그런 존엄과 가치를 누리기 위한 생활 터전이 서로 못살게 구는 전쟁터라면 도대체 어디에서 희망을 찾을 수 있을까요?

한국처럼 사회적 양극화가 진행되고 있는 사회에선 상반된 두 가지 모습이 동시에 나타납니다. 일중독도 문제고 아예 할 일이 없는 것도 문제입니다. 서양 속담이라지만, "남자의 일은 해가 지면 끝나지만, 여자의 일은 끝이 없다"는 현실도 문제입니다.[276] 독일계의 프랑스 의사이자 사상가인 알베르트 슈바이처의 말처럼, "성공은 행복의 열쇠가 아니다. 행복이 성공의 열쇠다. 하는 일을 사랑하면 성공하게 된다"는 말이 누구에게나 적용될 수 있는 원칙이 되면 좋겠습니다.

49

열정은 착취의 언어가 되었다

"연탄재 함부로 발로 차지 마라. 너는 누구에게 한 번이라도 뜨거운 사람이었느냐."[277] 시인 안도현의 시 「너에게 묻는다」입니다. 사회적 차원에선 당연히 따져 물을 만한 질문이지만, 개인적 차원에서 중요한 건 열정의 지속가능성일 겁니다. "건강한 삶이란 무엇보다 열정의 지속가능한 분배에 달려 있는 법이다."[278] 철학자 김영민이 『산책과 자본주의』에서 한 말이지요.

"열정은 결코 홀로 거주하는 법이 없다." 미국 정치학자 캐서린 문이 2005년 「한국 민주주의의 열정과 과잉」이라는 글에서 한 말입니다. "그저 어떤 교회 안으로 들어가 큰 목소리로 '아멘'을 외치는 기도자의 열정을 보라. 신의 입장에서도 한국이 아닌 다른 곳에서 이런 목회자를 보고 듣기란 어려울 것이다"며 한 말이지요. 그렇다면 열정은 주로 무엇과 동거하는 걸까요? "그것은 과잉과 짝을 이루어 함께 거주한다. 열정과 과잉은 한국사회에 무성하다. 그러나 정치적 과잉이 증대하게 되면 한국의 민주주의는 번영을 누리지 못할 것이다. 너무나 많은 경우에 열정적 신념은 타인의 신념과 의견에 대한 멸시로 돌변했고, 건전한 회의주의보다는 냉소주의가 한국 민주주의를 지배하고 있다."[279]

"열정은 쓰레기다." 미국 만화가 스콧 애덤스가 『열정은 쓰레기다: 열심히 노력하는 당신이 항상 실패하는 이유』(2014)에서 한 말입니다. 왜 그렇다는 걸까요? 애덤스는 "열정적인 사람들은 이룰 가능성이 희박한 목표를 추구하기 위해 큰 위험을 감수하는 경향이 있고, 이들 가운데 간혹 대박을 터뜨리는 사람이 나오기는 하지만 대부분은 실패한다"며 다음과 같이 말합니다.

"열정은 있었으되 실패한 대다수의 사람들은 우리에게 조언을 남길 기회가 없었다. 그러나 열정을 가지고 결국 성공한 소수의 사람들은 책과 인터뷰를 통해 성공 비결을 늘어놓는다. 그들은 자기가 잘나서 성공했다는 이야기를 겸손하게 포장하고는 한다. '성공의 이유는 내가 보통 사람들보다 훨씬 똑똑하기 때문이에요!'라고 말하기는 어렵다. 하지만 열정 때문에 성공했다고 말하는 것은 그럴싸하다."[280]

"진정으로 열정적인 사람들은 열정을 겉으로 드러내지 않는다. 열정을 가슴속에 간직한다." 구글의 CEO로 일한 에릭 슈밋의 말입니다. 이에 대해 심리학자 애덤 그랜트는 이런 해설을 덧붙입니다. "아이디어가 결실을 맺도록 하려는 열정은 사람들의 감정으로 표현되는 것이 아니다. 말과 어투와 몸짓으로 나타나는 열정은 우리가 내적으로 경험하는 열정을 반영하는 것이 아니라 단순히 말하는 능력과 성격을 반영한다.……외향적인지 내성적인지 여부는 기업가로서 성공할지 여부와 아무런 관계가 없다."[281]

"열정은 어느덧 착취의 언어가 되었다." 한윤형·최태섭·김정근이 『열정은 어떻게 노동이 되는가: 한국 사회를 움직이는 새로운 명령』(2011)에서 한 말입니다. "현대사회는 우리에게 '당신의 열정을 보여달라'고 요구한다. 덕분에 일할 사람을 뽑아야 할 면접장은 졸지에 〈슈퍼스타 K〉 오디션 장으로 변한다.……열정은 제도화되었다. 오늘날 면접관들은 열정을 '측정'한다. 하지만 대체 어떻게 그렇게 할 수 있는가? 답변은 간단하다. '악조건들을 얼마나 버텨내는지' 확인하면 된다는 것이다. 그래서 면접관들에게는 우리를 모욕할 권리가 주어진다.……끝없는 자기계발로 열정을 증명하는 것만이 살아남을 수 있는 유일한 방법이다."[282]

"열정의 끝은 후회의 시작이다"는 말이 있는데, 요즘 세상은 이 말을 입증하겠다는 식으로 돌아가고 있습니다. 성공한 사람들은 자신의 열정을 과시하고, 실패한 사람들은 열정이 없었던 사람처럼 취급받고, 성공하려고 애쓰는 사람들은 열정을 증명하기 위해 발버둥 쳐야만 합니다. 열정은 결코 홀로 거주하는 법이 없다는 걸 말해주는 현상으로 봐야 할까요?

50

"영혼에 필요한 것을 사는 데 돈은 필요하지 않다."[283] 미국의 초월주의 작가 헨리 데이비드 소로의 말입니다. 그는 자신의 상태를 묘사하면서 가난한 생활이라기보다는 소박한 생활이라는 말을 쓰기를 좋아했지요. 다른 사람들의 기준으로 보자면, 그에겐 영혼이 곧 돈이고 재산이었습니다. 그는 남아돌아가는 돈으로는 "쓸모없는 것들밖에 살 수 없다"고 했는데,[284] 선뜻 수긍하긴 어렵네요. 영혼과 돈, 이 둘은 꼭 갈라서야만 하는 걸까요? 이런 생각은 속물적인 걸까요?

"인생의 가장 치열한 전쟁은 영혼이란 고요한 방에서 매일매일 이루어진다." 미국 종교인 데이비드 매케이의 말입니다. 종교적인 의미로 한 말 같은데도 미국의 자기계발 전문가 스티븐 코비는 『성공하는 사람들의 7가지 습관』(1989)에서 이 말을 자기계발의 지침으로 제시합니다. "만약 당신이 그 전쟁에서 승리한다면, 즉 내면적으로 갈등을 일으키는 문제들을 해결한다면, 평온감을 느낄 것이고, 삶의 의의도 확실하게 될 것이다. 당신은 이를 통해 '대인관계의 승리'를 발견한다."[285] 하기야 종교와 자기계발의 거리는 그리 멀지 않지요.

"우리는 인간이 놀라울 만큼 지성을 계발하고도 자기 영혼을 지배하지 못할 수도 있다는 사실을 알게 되었다."[286] 독일 작가 헤르만 헤세의 말입니다. 그는 『나의 믿음』에서 "당신의 영혼에게 물어라!"고 했지요. 당신의 영혼에게 자유가 무엇을 뜻하고 사랑이 무엇인지 물어보라는 겁니다. 지적 능력에도 묻지 말고, 세계 역사를 뒤적거리지도 말라는 겁니다. 이어 헤세는 다음과 같이 말합니다.

"영혼은 당신이 정치에 무관심하다고, 노력이 너무 부족하다고 나무라지 않는다. 적을 향한 증오심이 부족하다거나 국경에 대한 경계가 허술하다는 이유로 구박하지도 않는다. 하지만 영혼의 요구를 두려워하며 회피하고, 당신의 어리고 예쁜 아이인 영혼과 조금의 시간도 함께 보내지 않거나 함께 놀아주지도 않는다면, 또 영혼의 노래에 귀를 기울이지 않고, 돈 때문에 영혼을 팔아버리거나, 출세를 위해서 영혼을 배신한다면 영혼은 당신을 심하게 나무랄 것이다."[287]

"'영혼과 영혼의 연결'은 상대의 외양 뒤에 숨겨진, 상대의 본질적인 아름다움에 서로 공명하는 것이다." 미국 심리학자 존 웰우드의 말입니다. 그는 일반적인 사랑의 방식을 '마음과 마음의 연결heart connection'이라고 부르면서, '영혼과 영혼의 연결soul connection'이야말로 진정한 사랑이라고 주장했지요. "'마음과 마음의 연결'이 상대를 있는 그대로 인정하는 것이라면 '영혼과 영혼의 연결'은 더 깊은 차원, 즉 상대의 잠재적인 가능성을 발견하고 사랑하도록 만든다."[288] 상대를 있는 그대로 인정해주는 사랑도 희귀한 세상에서 웬 욕심인가 싶네요.

"출근하면서 영혼을 사물함에 넣어두고, 퇴근하면서 영혼을 다시 꺼내오는 것 같다." 경제학자 우석훈이

『민주주의는 회사 문 앞에서 멈춘다』에서 인용한 삼성
전자 직원의 말입니다. 이에 대해 『경향신문』 논설고문
이대근은 이렇게 말합니다. "사실 한국인 거의 다 그렇
게 산다. 회사 들어갈 때 시민권을 맡기고 대신 사원증,
즉 노예문서를 목에 건다. 물론 고위 간부가 돼 부하 직
원을 부리며 살 수도 있다. 그렇다 해도 그들도 주체로
서 당당한 삶을 살지는 못한다."[289]

공무원도 노동자 못지않게 영혼 문제로 시달리지요.
공무원은 정권이 바뀔 때마다 영혼을 바꾼다며 '영혼
없는 공무원'이라는 비아냥에 시달리지만, 그게 어디
공무원 탓인가요? 공무원이 그렇게 하지 않으면 견뎌
낼 수 없게끔 무슨 일에서건 절대 복종을 요구하는 권
력이 문제지요. 어찌 노동자와 공무원뿐일까요? 그 누
구건 영혼이 없어야 이 험난한 세상을 무난하게 살아갈
수 있는 게 현실임을 어찌 부정할 수 있겠습니까?

그럼에도 영혼의 검열은 필요합니다. 우리의 영혼은
작은 일엔 자주 눈을 감아주는 아량을 베풀지만, 큰일
에선 결코 눈을 감는 법이 없으니까요. 바로 우리 자신
을 위해서지요. 우리 대부분이 영혼 없이 살아간다지
만, 영혼 위에 이불을 덮어두었을 뿐 죽인 건 아닙니다.

이건 정말 아니다 싶을 땐, 우리 모두 꼭 우리의 영혼에게 물어봅시다.

주

1 귀스타브 르봉(Gustave Le Bon), 정명진 옮김, 『혁명의 심리학』(부글, 1912/2013), 75~76쪽.

2 피에르 부르디외(Pierre Bourdieu)·로익 바캉(Loic Wacquant), 이상길 옮김, 『성찰적 사회학으로의 초대』(그린비, 1992/2015), 473~474쪽.

3 Michael A. Genovese, 『The Presidential Dilemma: Leadership in the American System』, 2nd ed.(New York: Longman, 2003), p.57.

4 김기봉, 『역사들이 속삭인다: 팩션 열풍과 스토리텔링의 역사』(프로네시스, 2009), 152쪽.

5 수전 손태그(Susan Sontag), 이재원 옮김, 『사진에 관하여』(이후, 1977/2005), 119쪽. 이 책에선 참고한 번역서의 출간연도는 '1977/2005'와 같은 식으로 원서의 출간연도와 번역서의 출간연도를 동시에 표기했습니다. 일반적인 표기법은 아니지만, 어떤 번역서를 읽을 때에 원서의 출간연도

를 아는 게 중요하다는 저의 평소 소신에 따른 것입니다. 번역서가 언제 나왔는가 하는 것은 출판사와 번역자에게나 중요할 뿐 독자에겐 원서의 출간연도가 더 중요하다는 나의 생각에 공감하는 독자가 많기를 기대합 니다. 또 하나 말씀드릴 게 있네요. 누군가 인용한 문장을 재인용한 경우 엔 일일이 '재인용'이라고 밝히는 게 원칙이지만, 그런 경우가 많아 재인 용 표시를 생략했음을 이해해주시기 바랍니다.

6 이재원, 「옮긴이 후기」, 수전 손태그(Susan Sontag), 이재원 옮김, 『사진에 관하여』(이후, 1977/2005), 300~301쪽.

7 켄 블랜차드(Ken Blanchard) 외, 조천제 옮김, 『칭찬은 고래도 춤추게 한 다』(21세기북스, 2003/2003); 켄 블랜차드(Ken Blanchard) 외, 박슬라 옮 김, 『칭찬은 아기 고래도 춤추게 한다』(21세기북스, 2009/2010).

8 콘돌리자 라이스(Condoleezza Rice)·에이미 제가트(Amy B. Zegart), 김용 남 옮김, 『정치가 던지는 위험: 예측불가능한 소셜 리스트에 맞서는 생존 무기』(21세기북스, 2018/2019), 15~18, 146~156쪽.

9 로버트 알렌(Robert G. Allern), 김주영 옮김, 『성공하는 사람들의 좋은 습 관』(백만문화사, 2009), 95쪽.

10 프랑수아 드 라로슈푸코(François de La Rochefoucauld), 강주헌 옮김, 『인간의 본성에 대한 풍자 511: 라로슈푸코의 잠언과 성찰』(나무생각, 2003), 70~73쪽.

11 구위안인(谷元音), 송은진 옮김, 『영향력은 어떻게 만들어지는가』(라의 눈, 2014/2016), 215~216쪽.

12 리처드 스텐걸(Richard Stengel), 임정근 옮김, 『아부의 기술: 전략적인 찬 사, 아부에 대한 모든 것』(참솔, 2000/2006), 233쪽.

13 리처드 스텐걸(Richard Stengel), 임정근 옮김, 『아부의 기술: 전략적인 찬 사, 아부에 대한 모든 것』(참솔, 2000/2006), 234쪽.

14 제프리 페퍼(Jeffrey Pfeffer), 이경남 옮김, 『권력의 기술: 조직에서 권력을 거머쥐기 위한 13가지 전략』(청림출판, 2010/2011), 56~58쪽.

15 리처드 스텐걸(Richard Stengel), 임정근 옮김, 『아부의 기술: 전략적인 찬사, 아부에 대한 모든 것』(참솔, 2000/2006), 30, 378쪽.

16 김세정, 「자존심 짓밟고 모욕 주며 내쫓는 한국」, 『중앙일보』, 2016년 3월 26일.

17 프랑수아 드 라로슈푸코(François de La Rochefoucauld), 강주헌 옮김, 『인간의 본성에 대한 풍자 511: 라로슈푸코의 잠언과 성찰』(나무생각, 2003), 12쪽.

18 리처드 스텐걸(Richard Stengel), 임정근 옮김, 『아부의 기술: 전략적인 찬사, 아부에 대한 모든 것』(참솔, 2000/2006), 55, 57쪽.

19 찰스 포드(Charles V. Ford), 우혜령 옮김, 『왜 뻔한 거짓말에 속을까: 상대의 마음을 읽는 거짓말의 심리학』(21세기북스, 1999/2009), 233쪽.

20 진 립먼-블루먼(Jean Lipman-Blumen), 정명진 옮김, 『부도덕한 카리스마의 매혹』(부글북스, 2004/2005), 242~243쪽.

21 로버트 서튼(Robert I. Sutton), 오성호 옮김, 『역발상의 법칙』(황금가지, 2002/2003), 155쪽.

22 Jack Welch, 『Winning』(New York: Harper, 2005), pp.29, 32.

23 라나 포루하(Rana Foroohar), 이유영 옮김, 『메이커스 앤드 테이커스: 경제를 성장시키는 자, 경제를 망가뜨리는 자』(부키, 2017/2018), 233, 253~254쪽; 헥터 맥도널드(Hector Macdonald), 이지연 옮김, 『만들어진 진실: 우리는 어떻게 팩트를 편집하고 소비하는가』(흐름출판, 2017/2018), 377쪽.

24 롤프 도벨리(Rolf Dobelli), 유영미 옮김, 『불행 피하기 기술: 영리하게 인생을 움직이는 52가지 비밀』(인플루엔셜, 2017/2018), 66~72쪽.

25 Kimberly Bratton, 『Donald Trump: An American Love-Fest』(Loganville, GA: Vixen Publishing, 2016), pp.123~124; Michael D'Antonio, 『The Truth about Trump』(New York: Thomas Dunne Books, 2015/2016), p.328; Brad Power, 『Donald Trump: White America Is Back(pamphlet)』(2016), p.13;

정의길, 「트럼프는 막말만 하지 않는다」, 『한겨레』, 2015년 12월 26일.

26 James S. Spiegel, 『Hypocrisy: Moral Fraud and Other Vices』(Grand Rapids, MI: Baker Books, 1999), p.105; 퀜틴 스키너(Quentin Skinner) 외, 강정인 편역, 『마키아벨리의 이해』(문학과지성사, 1993), 23쪽.

27 김영민, 「위선을 떨다 보면 진심이 생겨날지도 모른다」, 『한겨레』, 2019년 4월 27일.

28 주디스 슈클라(Judith N. Shklar), 사공일 옮김, 『일상의 악덕』(나남, 1984/2011), 124쪽.

29 곽준식, 『선택받는 나』(국일미디어, 2008), 92쪽.

30 곽준식, 『선택받는 나』(국일미디어, 2008), 93쪽; 마이클 셔머(Michael Shermer), 박종성 옮김, 『경제학이 풀지 못한 시장의 비밀』(한국경제신문, 2008/2013), 48쪽; 강준만, 「왜 배고픈 건 참아도, 배 아픈 건 못 참는가?: 최후통첩 게임」, 『우리는 왜 이렇게 사는 걸까?: 세상을 꿰뚫는 50가지 이론 2』(인물과사상사, 2014), 304~307쪽 참고.

31 경향신문 특별취재팀, 『우리도 몰랐던 한국의 힘』(한스미디어, 2006), 17~20쪽.

32 듀크 로빈슨(Duke Robinson), 유지훈 옮김, 『좋은 사람 콤플렉스: 착한 사람들이 힘들어하는 9가지 이유』(소울메이트, 1997/2009), 80쪽.

33 그렉 매커운(Greg McKeown), 김원호 옮김, 『에센셜리즘: 본질에 집중하는 힘』(알에이치코리아, 2014/2014), 185쪽.

34 재키 마슨(Jacqui Marson), 정영은 옮김, 『모두에게 사랑받을 필요는 없다: 타인의 기대에서 벗어나 당당하게 'No'하고 우아하게 거절하는 법』(윌컴퍼니, 2013/2014), 181쪽.

35 정여울, 「'거절의 윤리, 거절의 에티켓'」, 『중앙일보』, 2015년 8월 15일.

36 재키 마슨(Jacqui Marson), 정영은 옮김, 『모두에게 사랑받을 필요는 없다: 타인의 기대에서 벗어나 당당하게 'No'하고 우아하게 거절하는 법』(윌컴퍼니, 2013/2014), 82, 141쪽.

37 지아 장(Jia Jiang), 임지연 옮김, 『거절당하기 연습: 100번을 거절당하니 실패가 두렵지 않았다』(한빛비즈, 2015/2017), 108쪽.

38 Ambrose Bierce, 『The Devil's Dictionary』(New York: Bloomsbury, 1911/2008), p.51.

39 「happiness」, 『Online Etymology Dictionary』; 쓰지 신이치(辻信一), 장석진 옮김, 『행복의 경제학』(서해문집, 2008/2009), 177쪽.

40 일자 샌드(Ilse Sand), 김유미 옮김, 『서툰 감정』(다산3.0, 2016/2017), 49쪽.

41 마셜 로젠버그(Marshall B. Rosenberg), 캐서린 한 옮김, 『비폭력 대화: 일상에서 쓰는 평화의 언어, 삶의 언어』(한국NVC센터, 2004/2013), 41쪽.

42 엘렌 랭어(Ellen J. Langer), 이모영 옮김, 『예술가가 되려면: 심리학의 눈으로 바라본 예술가 이야기』(학지사, 2005/2008), 222쪽.

43 홍주희, 「[2014 제주포럼] "선진국 환상 버려야 선진국 된다"」, 『중앙일보』, 2014년 5월 29일.

44 https://blog.naver.com/edh0106/221091051317

45 롤프 하우블(Rolf Haubl), 이미옥 옮김, 『시기심: '나'는 시기하지 않는다』(에코리브르, 2001/2002), 37쪽.

46 롤프 도벨리(Rolf Dobelli), 두행숙 옮김, 『스마트한 선택들: 후회없는 결정을 하기 위해 꼭 알아야 할 52가지 심리 법칙』(걷는나무, 2012/2013), 62쪽.

47 리처드 스미스(Richard H. Smith), 이영아 옮김, 『쌤통의 심리학: 타인의 고통을 즐기는 은밀한 본성에 관하여』(현암사, 2013/2015), 193~194쪽.

48 이와이 도시노리(岩井俊憲), 김윤수 옮김, 『나는 더 이상 착하게만 살지 않기로 했다』(다산3.0, 2014/2015), 144쪽.

49 정도언, 『프로이트의 의자: 숨겨진 나와 마주하는 정신분석 이야기』(인플루엔셜, 2016), 163~164쪽.

50 헬렌 피셔(Helen E. Fisher), 정명진 옮김, 『제1의 성』(생각의나무, 1999/2000), 448쪽.

51 롤프 하우블(Rolf Haubl), 이미옥 옮김, 『시기심: '나'는 시기하지 않는다』 (에코리브르, 2001/2002), 88, 201쪽.

52 롤프 하우블(Rolf Haubl), 이미옥 옮김, 『시기심: '나'는 시기하지 않는다』 (에코리브르, 2001/2002), 203~204쪽.

53 롤프 하우블(Rolf Haubl), 이미옥 옮김, 『시기심: '나'는 시기하지 않는다』 (에코리브르, 2001/2002), 93쪽.

54 「Schadenfreude」, 『Wikipedia』.

55 Willard Gaylin, 『Hatred: The Pshychological Descent into Violence』(New York: PublicAffairs, 2003), p.68; 윌러드 게일린(Willard Gaylin), 신동근 옮김, 『증오: 테러리스트의 탄생』(황금가지, 2003/2009), 85쪽.

56 리처드 스미스(Richard H. Smith), 이영아 옮김, 『쌤통의 심리학: 타인의 고통을 즐기는 은밀한 본성에 관하여』(현암사, 2013/2015), 190쪽.

57 데이비드 A. 캐플런(David A. Kaplan), 안진환·정준희 옮김, 『실리콘밸리 스토리』(동방미디어, 1999/2000), 458쪽.

58 W. 서머싯 몸(W. Somerset Maugham), 권정관 옮김, 『불멸의 작가, 위대한 상상력』(개마고원, 1954/2008), 166쪽.

59 Drew Westen, 『The Political Brain: The Role of Emotion in Deciding the Fate of the Nation』(New York: PublicAffairs, 2007), pp.70~71.

60 샘 혼(Sam Horn), 이상원 옮김, 『적을 만들지 않는 대화법』(갈매나무, 1996/2008), 197쪽.

61 강준만, 「왜 슬픈 척하면 정말로 슬퍼지는가?: 가정 원칙」, 『우리는 왜 이렇게 사는 걸까?: 세상을 꿰뚫는 50가지 이론 2』(인물과사상사, 2014), 137~142쪽 참고.

62 조나 레러(Jonah Lehrer), 강미경 옮김, 『탁월한 결정의 비밀: 뇌신경과학의 최전방에서 밝혀낸 결정의 메커니즘』(위즈덤하우스, 2009/2009), 60~61쪽.

63 시드니 핀켈스타인(Sydney Finkelstein)·조 화이트헤드(Jo Whitehead)·앤

드루 캠벨(Andrew Campbell), 최완규 옮김,『확신하는 그 순간에 다시 생각하라』(옥당, 2009/2009), 92쪽.

64 조지 베일런트(George E. Vaillant), 김한영 옮김,『행복의 완성』(흐름출판, 2008/2011), 204쪽.

65 매들린 반 헤케(Madeleine L. Van Hecke), 임옥희 옮김,『블라인드 스팟: 내가 못 보는 내 사고의 10가지 맹점』(다산초당, 2007/2007), 236~237쪽.

66 데이비드 브룩스(David Brooks), 김희정 옮김,『인간의 품격: 삶은 성공이 아닌 성장의 이야기다』(부키, 2015/2015), 402쪽.

67 A. C. 그레일링(A. C. Grayling), 남경태 옮김,『미덕과 악덕에 관한 철학 사전』(에코의서재, 2001/2006), 43쪽.

68 조지 보나노(George A. Bonanno), 박경선 옮김,『슬픔 뒤에 오는 것들: 상실과 트라우마 그리고 슬픔의 심리학』(초록물고기, 2009/2010), 68쪽.

69 이지은,「"진짜 인생은 잘나가다 빠진 삼천포에 있어요": 첫 소설집 '카스테라' 펴낸 문단의 아웃사이더 박민규」,『신동아』, 2005년 8월, 439쪽.

70 김광해,「일제 강점기의 대중가요에 대한 계량언어학적 연구: 유성기 음반 채록본을 중심으로」,『한국어 의미학』제3호(1998), 197~215쪽.

71 정강현 외,「온라인 표출 감정 1위는 '슬픔'…7년 새 19% 늘어」,『중앙일보』, 2015년 6월 17일.

72 아르투르 쇼펜하우어(Arthur Schopenhauer), 이동진 옮김,『사랑은 없다: 쇼펜하우어 인생론 에세이』(해누리, 2004), 190~191쪽.

73 카트린 방세(Catherine Bensaid), 이세진 옮김,『욕망의 심리학: 내 마음은 상처받지 않는다』(북폴리오, 1992/2005), 15쪽.

74 원재훈,「보들레르」,『네이버 지식백과』.

75 카트린 방세(Catherine Bensaid), 이세진 옮김,『욕망의 심리학: 내 마음은 상처받지 않는다』(북폴리오, 1992/2005), 83쪽.

76 벨 훅스(Bell Hooks), 이영기 옮김,『올 어바웃 러브』(책읽는수요일, 2000/2012), 262쪽.

77 리처드 세넷(Richard Sennett), 유강은 옮김, 『무질서의 효용: 개인의 정체
성과 도시 생활』(다시봄, 1970/2014), 158쪽.

78 로리 애슈너(Laurie Ashner)·미치 메이어슨(Mitch Meyerson), 조영희 옮
김, 『사람은 왜 만족을 모르는가?』(에코의서재, 1996/2006), 176~177쪽.

79 김훈, 『남한산성』(학고재, 2007), 5쪽.

80 임귀열, 「[임귀열 영어] Life has a cause(인생은 인과응보의 필연)」, 『한국
일보』, 2011년 3월 2일.

81 Erich Fromm, 『The Art of Loving』(New York: Bantam Books, 1956, 1963),
p.106.

82 Robert Holden, 『Happiness Now!: Timeless Wisdom for Feeling Good
Fast』, 2nd ed.(New York: Hay House, 2007), p.74; 「Self-acceptance」,
『Wikipedia』.

83 브레네 브라운(Brené Brown), 서현정 옮김, 『나는 왜 내 편이 아닌
가: 나를 괴롭히는 완벽주의 신화로부터 자유로워지는 법』(북하이브,
2007/2012), 213쪽.

84 재키 마슨(Jacqui Marson), 정영은 옮김, 『모두에게 사랑받을 필요는 없
다: 타인의 기대에서 벗어나 당당하게 'No'하고 우아하게 거절하는 법』
(윌컴퍼니, 2013/2014), 146~148쪽.

85 레베카 라인하르트(Rebekka Reinhard), 장혜경 옮김, 『방황의 기술』(웅진
지식하우스, 2010/2011), 196쪽.

86 조지 보나노(George A. Bonanno), 박경선 옮김, 『슬픔 뒤에 오는 것
들: 상실과 트라우마 그리고 슬픔의 심리학』(초록물고기, 2009/2010),
213~219쪽.

87 강준만, 「왜 일부 사람들은 '세월호 참사'에 냉담한 반응을 보였을까?: 공
포 관리 이론」, 『생각과 착각: 세상을 꿰뚫는 50가지 이론 5』(인물과사상
사, 2016), 193~200쪽 참고.

88 리처드 칼슨(Richard Carlson), 이창식 옮김, 『행복에 목숨 걸지 마라: 지금

당장 버리면 행복해지는 사소한 것들』(한국경제신문, 2002/2010), 25쪽.

89 리처드 칼슨(Richard Carlson), 이창식 옮김, 『행복에 목숨 걸지 마라: 지금 당장 버리면 행복해지는 사소한 것들』(한국경제신문, 2002/2010), 262~263쪽.

90 빅터 프랭클(Viktor E. Frankl), 이시형 옮김, 『빅터 프랭클의 죽음의 수용소에서』(청아출판사, 1984/2005), 137쪽; 톰 버틀러 보던(Tom Butler-Bowdon), 이정은 옮김, 『내 인생의 탐나는 자기계발 50』(흐름출판, 2003/2009), 292쪽.

91 이인식, 『멋진 과학 2』(고즈윈, 2011), 348쪽; 조지 보나노(George A. Bonanno), 박경선 옮김, 『슬픔 뒤에 오는 것들: 상실과 트라우마 그리고 슬픔의 심리학』(초록물고기, 2009/2010), 353~358쪽.

92 김찬호, 『모멸감: 굴욕과 존엄의 감정사회학』(문학과지성사, 2014), 281쪽.

93 개리 마커스(Gary Marcus), 최호영 옮김, 『클루지: 생각의 역사를 뒤집는 기막힌 발견』(갤리온, 2008/2008), 231쪽.

94 존 캐서디(John Cassidy), 이경남 옮김, 『시장의 배반』(민음사, 2009/2011), 231쪽.

95 로버트 하그리브스(Robert Hargreaves), 오승훈 옮김, 『표현 자유의 역사』(시아출판사, 2002/2006), 398~408쪽.

96 Irving L. Janis, 『Groupthink: Psychological Studies of Policy Decisions and Fiascoes』, 2nd ed.(Boston, Mass.: Houghton Mifflin Co., 1982), p.3.

97 토머스 차모로-프레무지크(Tomas Chamorro-Premuzic), 이현정 옮김, 『위험한 자신감: 현실을 왜곡하는 아찔한 습관』(더퀘스트, 2013/2014), 162쪽.

98 지그문트 프로이트(Sigmund Freud), 김석희 옮김, 『문명 속의 불만』(열린책들, 1929/1997), 48쪽.

99 울리히 벡(Ulrich Beck)·엘리자베트 벡-게른샤임(Elizabeth Beck-Gernsheim), 강수영·권기돈·배은경 옮김, 『사랑은 지독한 그러나 너무나

정상적인 혼란』(새물결, 1990/1999), 305쪽.

100 EBS 3분영어 제작팀,『생각하는 영어사전 ing 2』(인물과사상사, 2010), 131쪽.

101 로버트 프랭크(Robert H. Frank), 이한 옮김,『사치 열병: 과잉시대의 돈과 행복』(미지북스, 1999/2011), 231쪽.

102 윤동주 외,『내 인생에 힘이 되어준 시』(북카라반, 2016), 146쪽.

103 데이비드 브룩스(David Brooks), 김희정 옮김,『인간의 품격: 삶은 성공이 아닌 성장의 이야기다』(부키, 2015/2015), 407쪽.

104 울리히 벡(Ulrich Beck)·엘리자베트 벡-게른샤임(Elizabeth Beck-Gernsheim), 강수영·권기돈·배은경 옮김,『사랑은 지독한 그러나 너무나 정상적인 혼란』(새물결, 1990/1999), 302쪽.

105 마리 루티(Mari Ruti), 김명주 옮김,『나는 과학이 말하는 성차별이 불편합니다: 진화심리학이 퍼뜨리는 젠더 불평등』(동녘사이언스, 2015/2017), 243쪽.

106 마리 루티(Mari Ruti), 김명주 옮김,『나는 과학이 말하는 성차별이 불편합니다: 진화심리학이 퍼뜨리는 젠더 불평등』(동녘사이언스, 2015/2017), 243~244쪽.

107 마리 루티(Mari Ruti), 김명주 옮김,『나는 과학이 말하는 성차별이 불편합니다: 진화심리학이 퍼뜨리는 젠더 불평등』(동녘사이언스, 2015/2017), 261쪽.

108 쿠르트 뫼저(Kurt Möser), 김태희·추금혼 옮김,『자동차의 역사: 시간과 공간을 바꿔놓은 120년의 이동혁명』(이파리, 2002/2007), 378쪽.

109 지그문트 바우만(Zygmunt Bauman), 조은편·강지은 옮김,『고독을 잃어버린 시간: 유동하는 근대 세계에 띄우는 편지』(동녘, 2010/2012), 55~57쪽.

110 페터 비에리(Peter Bieri), 문항심 옮김,『삶의 격: 존엄성을 지키며 살아가는 방법』(은행나무, 2013/2014), 107쪽.

111 내털리 골드버그(Natalie Goldberg), 한진영 옮김, 『인생을 쓰는 법』(페가수스, 2007/2013), 204쪽.

112 A. B. Atkinson, 『The Economics of Inequality』(Oxford, U.K.: Clarendon Press, 1975), p.121.

113 윌리엄 번스타인(William Bernstein), 김현구 옮김, 『부의 탄생』(시아출판사, 2004/2005), 421쪽.

114 「Orman, Suze」, 『Current Biography』, 64:5(May 2003), pp.62~67.

115 미키 맥기(Micki McGee), 김상화 옮김, 『자기계발의 덫』(모요사, 2005/2011), 169쪽.

116 William Safire, 『Safire's Political Dictionary』(New York: Random House, 1978), p.557.

117 버나드 리테어(Bernard A. Lietaer), 강남규 옮김, 『돈 그 영혼과 진실: 돈의 본질과 역사를 찾아서』(참솔, 2000/2004), 122쪽.

118 박영석, 「길라드(前 호주 총리) "권력 잃는 건 주먹으로 강타당하는 느낌"」, 『조선일보』, 2013년 9월 16일.

119 Reinhold Niebuhr, 『Moral Man and Immoral Society: A Study in Ethics and Politics』(New York: Charles Scribner's Sons, 1932/1960), p.46.

120 아르투르 쇼펜하우어(Arthur Schopenhauer), 이동진 옮김, 『사랑은 없다: 쇼펜하우어 인생론 에세이』(해누리, 2004), 204쪽.

121 조르주 뒤비(Georges Duby), 양영란 옮김, 『서기 1000년과 서기 2000년 그 두려움의 흔적들』(동문선, 1995/1997), 30쪽.

122 아르투르 쇼펜하우어(Arthur Schopenhauer), 이동진 옮김, 『사랑은 없다: 쇼펜하우어 인생론 에세이』(해누리, 2004), 203~205쪽.

123 제임스 홀리스(James Hollis), 김현철 옮김, 『내가 누군지도 모른 채 마흔이 되었다: 인생의 중간항로에서 만나는 융 심리학』(더퀘스트, 1993/2018), 219쪽.

124 마티 올슨 래니(Marti Olsen Laney), 박윤정 옮김, 『내성적인 사람이 성

공한다』(서돌, 2002/2006), 58, 269쪽.

125 마티 올슨 래니(Marti Olsen Laney), 박윤정 옮김, 『내성적인 사람이 성
공한다』(서돌, 2002/2006), 58, 188쪽.

126 브라이언 트레이시(Brian Tracy), 허선영 옮김, 『겟 스마트: 생각하고 행
동하는 최단거리형 노력의 힘』(빈티지하우스, 2017/2017), 50~53쪽.

127 제임스 홀리스(James Hollis), 김현철 옮김, 『내가 누군지도 모른 채
마흔이 되었다: 인생의 중간항로에서 만나는 융 심리학』(더퀘스트,
1993/2018), 218~219쪽.

128 슈테판 클라인(Stefan Klein), 김영옥 옮김, 『행복의 공식: 인생을 변화시
키는 긍정의 심리학』(웅진지식하우스, 2002/2006), 137~138쪽.

129 Susan Sontag, 『Against Interpretation』(New York: Dell, 1966), p.303.

130 황은주, 「권태와 폭력성에 관한 연구」, 몸문화연구소 엮음, 『권태: 지루
함의 아나토미』(자음과모음, 2013), 134, 140쪽.

131 황은주, 「권태와 폭력성에 관한 연구」, 몸문화연구소 엮음, 『권태: 지루
함의 아나토미』(자음과모음, 2013), 142쪽.

132 김성현, 「'지루함 달래려…' 환자 100여 명 살해한 독일 간호사에 무기
징역」, 『YTN』, 2019년 5월 17일.

133 마광수, 『행복 철학』(책읽는귀족, 2014), 31쪽.

134 헬렌 피셔(Helen E. Fisher), 정명진 옮김, 『제1의 성』(생각의나무,
1999/2000), 293쪽.

135 테리 이글튼(Terry Eagleton), 윤희기 옮김, 『비평과 이데올로기: 마르크
스 문학 이론의 한 연구』(인간사랑, 2006/2012), 229~232쪽.

136 엘리엇 코언(Elliot A. Cohen), 이진우 옮김, 『최고사령부: 전쟁을 승리
로 이끈 위대한 정치지도자의 리더십』(가산출판사, 2002/2002), 363쪽.

137 엘리엇 코언(Elliot A. Cohen), 이진우 옮김, 『최고사령부: 전쟁을 승리
로 이끈 위대한 정치지도자의 리더십』(가산출판사, 2002/2002), 363쪽.

138 Niccoló Machiavelli, 『The Prince and The Discourses』(New York: The

Modern Library, 1950), p.258.

139 베르트랑 베르줄리(Bertrand Vergely), 성귀수 옮김, 『슬픈 날들의 철학』 (개마고원, 2003/2007), 259~263쪽.

140 Erich Fromm, 『Escape from Freedom』(New York: Avon Books, 1941/1970), pp.194~195.

141 조효제, 「인권에서 양심이란 무엇인가」, 『한겨레』, 2018년 7월 4일.

142 Saul D. Alinsky, 『Rules for Radicals: A Pragmatic Primer for Realistic Radicals』(New York: Vintage Books, 1971/1989), p.25; 솔 D. 알린스키, 박순성·박지우 옮김, 『급진주의자를 위한 규칙: 현실적 급진주의자를 위한 실천적 입문서』(아르케, 1971/2008), 67쪽ㅇ.

143 베르트랑 베르줄리(Bertrand Vergely), 백선희 옮김, 『무거움과 가벼움에 관한 철학』(개마고원, 2003/2008), 127쪽.

144 이벌찬, 「"잃어버린 지갑, 현금 많을수록 되찾을 확률 높다"」, 『조선일보』, 2019년 6월 22일, A16면; 오애리, 「분실 지갑 회수율, 현금 많으면 72%…빈 지갑은 46%」, 『뉴시스』, 2019년 6월 21일.

145 슈테판 클라인(Stefan Klein), 김영옥 옮김, 『행복의 공식: 인생을 변화시키는 긍정의 심리학』(웅진지식하우스, 2002/2006), 230~231쪽.

146 크리스토프 앙드레(Christophe André), 이세진 옮김, 『나답게 살아갈 용기』(더퀘스트, 2010/2014), 107쪽.

147 신동욱, 「[신동욱 앵커의 시선] 걱정도 병」, 『TV조선』, 2019년 7월 23일.

148 브라이언 크리스천(Brian Christian)·톰 그리피스(Tom Griffiths), 이한음 옮김, 『알고리즘, 인생을 계산하다: 일상의 모든 문제를 단숨에 해결하는 생각의 혁명』(청림출판, 2016/2018), 103쪽.

149 다비드 르 브르통(David Le Breton), 김화영 옮김, 『걷기예찬』(현대문학, 2000/2002), 94~95쪽.

150 라이언 홀리데이(Ryan Holiday)·스티븐 핸슬먼(Stephen Hanselman), 장원철 옮김, 『하루 10분, 내 인생의 재발견: 그리스·로마의 현자들에게 배

우는 삶의 지혜』(스몰빅라이프, 2016/2018), 189쪽.

151 피에르 상소(Pierre Sansot), 김주경 옮김, 『느리게 산다는 것의 의미』(동
문선, 1998/2000), 43쪽.

152 크리스토프 라무르(Christophe Lamoure), 고아침 옮김, 『걷기의 철학』
(개마고원, 2007/2007), 70쪽.

153 김영민, 『산책과 자본주의』(늘봄, 2007), 24~28쪽.

154 유지한, 「셀카 위험천만!···지난 6년간 사망 259명」, 『조선일보』, 2018년
10월 6일.

155 수전 손태그(Susan Sontag), 유경선 옮김, 『사진 이야기』(해뜸, 1977
/1986), 21쪽.

156 최재봉, 「"실패한 여행이 성공한 여행이다"」, 『한겨레』, 2019년 4월 19일.

157 한현우, 「2,900만 명이 간 해외 나들이···주머니 얇아진 3040은 여행객
줄었네」, 『조선일보』, 2019년 5월 2일.

158 마광수, 『행복 철학: 아무도 가르쳐주지 않았던 행복론』(책읽는귀족,
2014), 119, 179쪽.

159 김영하, 『보다: 김영하의 인사이트 아웃사이트』(문학동네, 2014), 57쪽.

160 고미숙, 『열하일기, 웃음과 역설의 유쾌한 시공간』(그린비, 2003), 14쪽.

161 Charles Earle Funk, 『Thereby Hangs a Tale: Stories of Curious Word
Origins』(New York: Quill, 2002), pp.110~111; The Editors of The
American Heritage Dictionaries, 『Word Mysteries & Histories』(Boston,
Mass.: Houghton Mifflin, 1986), p.76; Robert Hendrickson, 『The
Dictionary of Eponyms: Names That Became Words』(New York: Dorset
Press, 1972), p.109.

162 Christine Ammer, 『The Facts on File Dictionary of Clichés』(New York:
Checkmark Books, 2001), p.158.

163 클로테르 라파이유(Clotaire Rapaille), 김상철 · 김정수 옮김, 『컬처 코
드: 세상의 모든 인간과 비즈니스를 여는 열쇠』(리더스북, 2006/2007),

218~221쪽.

164 김민석, 「한국의 '먹방'은 '푸드 포르노'…블룸버그TV "어떻게 먹기만 해서 한 달에 4,000만 원을 버나"」, 『국민일보』, 2014년 1월 15일.

165 손조문, 「'가장 따뜻한 색, 블루': 머리부터 발끝까지 아델을 탐닉하다」, 『미디어스』, 2014년 2월 2일.

166 민경원, 「먹방과 여행 말고 새로운 예능은 없을까」, 『중앙일보』, 2019년 5월 10일.

167 피터 콜릿(Peter Collett), 이윤식 옮김, 『습관의 역사: 습관을 알면 문화가 보인다』(추수밭, 1993/2006), 37쪽.

168 조일준, 「철학이 추방한 웃음, 사랑한 웃음」, 『한겨레』, 2018년 3월 16일.

169 마리안 라프랑스(Marianne LaFrance), 윤영삼 옮김, 『웃음의 심리학: 표정 속에 감춰진 관계의 비밀』(중앙북스, 2012/2012), 4쪽.

170 마리안 라프랑스(Marianne LaFrance), 윤영삼 옮김, 『웃음의 심리학: 표정 속에 감춰진 관계의 비밀』(중앙북스, 2012/2012), 99쪽.

171 마리안 라프랑스(Marianne LaFrance), 윤영삼 옮김, 『웃음의 심리학: 표정 속에 감춰진 관계의 비밀』(중앙북스, 2012/2012), 8쪽.

172 마리안 라프랑스(Marianne LaFrance), 윤영삼 옮김, 『웃음의 심리학: 표정 속에 감춰진 관계의 비밀』(중앙북스, 2012/2012), 136쪽.

173 이정규, 「갑(甲)의 저주…"뿌린 대로 거두리라"」, 『지디넷코리아』, 2012년 7월 3일.

174 에릭 호퍼(Eric Hoffer), 방대수 옮김, 『에릭 호퍼 자서전』(이다미디어, 1983/2003), 55쪽.

175 르네 지라르(René Girard), 김진식·박무호 옮김, 『폭력과 성스러움』(민음사, 1972/1993), 219쪽.

176 리처드 칼슨(Richard Calson), 강정 옮김, 『사소한 것에 목숨 걸지 마라: 습관 바꾸기 편』(도솔, 1997/2004), 191쪽.

177 호르스트 코넨(Horst Conen), 한희진 옮김, 『나는 내가 소중하다: 스트

레스와 화로부터 나를 지키는 Take Care 원칙』(북폴리오, 2005/2007), 56쪽.

178 앙리 르페브르(Henri Lefebvere), 박정자 옮김,『현대세계의 일상성』(세계일보, 1968/1990), 169쪽.

179 장 보드리야르(Jean Baudrillard), 이상률 옮김,『소비의 사회: 그 신화와 구조』(문예출판사, 1970/1991), 42쪽.

180 장 보드리야르(Jean Baudrillard), 이상률 옮김,『소비의 사회: 그 신화와 구조』(문예출판사, 1970/1991), 91쪽.

181 Daniel J. Boorstin,『The Image: A Guide to Pseudo-Events in America』(New York: Atheneum, 1964), p.59; 양건열,『비판적 대중문화론』(현대미학사, 1997), 127쪽.

182 하랄트 벨처(Harald Welzer), 원성철 옮김,『저항안내서: 스스로 생각하라』(오롯, 2013/2015), 63~65쪽.

183 폴 로버츠(Paul Roberts), 김선영 옮김,『근시사회: 내일을 팔아 오늘을 사는 충동인류의 미래』(민음사, 2014/2016), 82쪽.

184 토마스 휠란 에릭센(Thomas Hylland Eriksen), 손화수 옮김,『만약 우리가 천국에 산다면 행복할 수 있을까?』(책읽는수요일, 2008/2015), 88쪽.

185 주디스 슈클라(Judith N. Shklar), 사공일 옮김,『일상의 악덕』(나남, 1984/2011), 147쪽.

186 Michael Quinton, Ballyhoo,『Buckaroo, and Spuds: Ingenious Tales of Words and Their Origins』(Washington, D.C.: Smithsonian Books, 2004), pp.229~230.

187 주디스 슈클라(Judith N. Shklar), 사공일 옮김,『일상의 악덕』(나남, 1984/2011), 148쪽.

188 알랭 드 보통(Alain de Botton), 정영목 옮김,『불안』(은행나무, 2004/2011), 33쪽.

189 김홍중,『마음의 사회학』(문학동네, 2009), 59~60쪽.

190 엄기호, 『단속사회: 쉴 새 없이 접속하고 끊임없이 차단한다』(창비, 2014), 144~145쪽.

191 버트런드 러셀(Bertrand Russell), 송은경 옮김, 『인간과 그밖의 것들』(오늘의책, 1975/2005), 84쪽.

192 주디스 슈클라(Judith N. Shklar), 사공일 옮김, 『일상의 악덕』(나남, 1984/2011), 149쪽.

193 미하엘 코르트(Michael Korth), 권세훈 옮김, 『광기에 관한 잡학사전』(을유문화사, 2003/2009), 191~194쪽.

194 Cooper Lawrence, 『The Cult of Celebrity: What Our Fascination with the Stars Reveals About Us』(Guilford, Conn.: skirt!, 2009), pp.149~165.

195 Drew Pinsky & S. Mark Young, 『The Mirror Effect: How Celebrity Narcissism Is Seducing America』(New York: Harper, 2009), pp.43~58.

196 브라이언 트레이시(Brian Tracy), 서사봉 옮김, 『백만불짜리 습관: 브라이언 트레이시의 부자, CEO 습관론』(용오름, 2004/2005), 283쪽.

197 미하엘 코르트(Michael Korth), 권세훈 옮김, 『광기에 관한 잡학사전』(을유문화사, 2003/2009), 350쪽.

198 전상진, 「혐오의 관종자본가와 팬덤」, 『한겨레』, 2019년 7월 8일, 27면.

199 주형식, 「퍼거슨 껌값, 웬만한 집값」, 『조선일보』, 2019년 3월 21일; 「퍼거슨 감독이 씹다 뱉은 껌, 5억 8,500만 원에 팔려」, 『헤럴드경제』, 2019년 3월 21일.

200 Max Cryer, 『Common Phrases』(New York: Skyhorse, 2010), p.311.

201 이동진 편역, 『세계의 명언 1』(해누리, 2007), 1225쪽.

202 강준만, 「왜 어떤 네티즌들은 악플에 모든 것을 거는가?: 자기효능감」, 『생각과 착각: 세상을 꿰뚫는 50가지 이론 5』(인물과사상사, 2016), 135~140쪽 참고.

203 이종훈, 『공부는 어떻게 내 삶을 바꾸었나』(북카라반, 2019), 92쪽.

204 수전 린(Susan Linn), 김승욱 옮김, 『TV 광고 아이들』(들녘, 2004/2006),

273쪽.

205 세스 고딘(Seth Godin), 유영희 옮김,『시작하는 습관: 머뭇거리는 순간 기회는 지나간다』(21세기북스, 2011/2011), 110~111쪽.

206 존 트림블(John R. Trimble), 이창희 옮김,『살아 있는 글쓰기: 짧게 쉽게 재미있게 전략적 글쓰기』(이다미디어, 2000/2011), 134쪽.

207 스티븐 코비(Stephen R. Covey), 김경섭 옮김,『성공하는 가족들의 7가지 습관』(김영사, 1997/1998), 34쪽.

208 노르베르트 볼츠(Norbert Bolz), 유현주 옮김,『보이지 않는 것의 경제』(문학동네, 1999/2008), 163쪽; 임귀열,「Think long, think wrong(장고 끝에 악수)」,『한국일보』, 2015년 4월 8일.

209 말레네 뤼달(Malene Rydahl), 강현주 옮김,『덴마크 사람들처럼: 세상에서 가장 행복한 사람들에게서 찾은 행복의 열 가지 원리』(마일스톤, 2014/2015), 156쪽.

210 강준만,「왜 취업에 성공하면 '내 실력 때문' 실패하면 '세상 탓'을 하나?: 이기적 편향」,『감정 독재: 세상을 꿰뚫는 50가지 이론 1』(인물과사상사, 2013), 56~60쪽 참고.

211 로버트 프랭크(Robert H. Frank), 정태영 옮김,『실력과 노력으로 성공했다는 당신에게: 행운, 그리고 실력주의라는 신화』(글항아리, 2016/2018), 5쪽.

212 맬컴 글래드웰(Malcolm Gladwell), 노정태 옮김,『아웃라이어』(김영사, 2008/2009), 75쪽.

213 김선욱,「들어가는 말」, 마이클 샌델(Michael Sandel), 김선욱 외 옮김,『공동체주의와 공공성』(철학과현실사, 1984/2008), 32쪽; 강준만,「왜 빌 게이츠, 스티브 잡스, 에릭 슈밋은 1955년생일까?: 아웃라이어」,『생각과 착각: 세상을 꿰뚫는 50가지 이론 5』(인물과사상사, 2016), 287~293쪽 참고.

214 Robert W. Fuller,『Somebodies and Nobodies: Overcoming the Abuse of

Ranks』(Gabriola Island, Canada: New Society Publishers, 2003/2004), p.92.

215 바버라 애버크롬비(Barbara Abercrombie), 박아람 옮김, 『작가의 시작』 (책읽는수요일, 2012/2016), 25쪽.

216 김환표, 『부와 혁신의 설계자들: 그들은 어떻게 세상을 움직였고 성공했는가?』(북카라반, 2018), 46쪽.

217 카를로 스트렝거(Carlo Strenger), 최진우 옮김, 『멘탈 붕괴』(하늘눈, 2011/2012), 61쪽.

218 이미아, 「"30일 뒤면 내 회사 사라져요"…美 IT 벤처 창업자, 실패 스토리 블로그 연재 화제」, 『한국경제』, 2013년 7월 3일.

219 김아사, 「"변호사 시험 떨어졌어요" "이혼했어요"… 유튜브에 넘치는 실패담」, 『조선일보』, 2019년 5월 11일.

220 티나 실리그(Tina Seelig), 김소희 옮김, 『인지니어스』(리더스북, 2012/2017), 191쪽.

221 「Invictus」, 『Wikipedia』; 이보성, 「영화 '인빅터스(Invictus)'」, 『울산매일』, 2013년 1월 29일.

222 「invictus」, 『네이버 지식인』.

223 라이언 홀리데이(Ryan Holiday)·스티븐 핸슬먼(Stephen Hanselman), 장원철 옮김, 『하루 10분, 내 인생의 재발견: 그리스·로마의 현자들에게 배우는 삶의 지혜』(스몰빅라이프, 2016/2018), 59쪽.

224 임귀열, 「When feeling hopeless(무기력할 때의 명언)」, 『한국일보』, 2014년 4월 16일.

225 A. C. 그레일링(A. C. Grayling), 남경태 옮김, 『미덕과 악덕에 관한 철학사전』(에코의서재, 2001/2006), 55쪽.

226 리처드 윌킨슨(Richard G. Wilkinson)·케이트 피킷(Kate Pickett), 전재웅 옮김, 『평등이 답이다: 왜 평등한 사회는 늘 바람직한가?』(이후, 2010/2012), 148~150쪽.

227 김종목, 「[책과 삶] '잘못된 삶'이라는 혐오 너머 '존엄의 순환'」, 『경향신문』, 2018년 6월 23일.

228 엘프리다 뮐러-카인츠(Elfrida Müller-Kainz)·크리스티네 죄닝(Christine Sönning), 강희진 옮김, 『더 본능적으로 살아라』(타커스, 2003/2012), 317쪽.

229 버나드 리테어(Bernard A. Lietaer), 강남규 옮김, 『돈 그 영혼과 진실: 돈의 본질과 역사를 찾아서』(참솔, 2000/2004), 25쪽; 임귀열, 「I'm living my dream(나는 꿈을 갖고 산다)」, 『한국일보』, 2015년 8월 19일.

230 박선민, 「리메이크 사례 3: '거위의 꿈'」, 『네이버 지식백과』.

231 권귀헌, 『포기하는 힘: 노력만이 모든 것을 바꿀 수는 없기에』(브레인스토어, 2016), 51~52, 55쪽.

232 백승찬, 「아시아에서 '정치 부재'는 냉전의 유산」, 『경향신문』, 2015년 4월 13일.

233 이동진 편역, 『세계의 명언 2』(해누리, 2007), 350쪽.

234 H. L. 멩켄(H. L. Mencken), 김우영 옮김, 『멩켄의 편견집』(이산, 2009/2013), 448쪽.

235 이동진 편역, 『세계의 명언 2』(해누리, 2007), 350쪽.

236 마광수, 『나는 야한 여자가 좋다: 마광수 에세이』(북리뷰, 2010), 233쪽.

237 Burt Nanus, 『Visionary Leadership: Creating a Compelling Sense of Direction for Your Organization』(San Francisco, Ca.: Jossey-Bass Publishers, 1992), p.168.

238 David Horowitz, 『The Art of Political War and Other Radical Pursuits』(Dallas: Spence Publishing Co., 2000), pp.xii~xiii.

239 베르트랑 베르줄리(Bertrand Vergely), 성귀수 옮김, 『행복 생각』(개마고원, 2002/2007), 124쪽.

240 임귀열, 「[임귀열 영어] Is the glass half full or half empty(절반만 채워진 잔)?」, 『한국일보』, 2011년 3월 23일.

241 「Cynicism(contemporary)」, 『Wikipedia』.

242 토니 마이어스, 박정수 옮김, 『누가 슬라보예 지젝을 미워하는가』(앨피, 2004/2005), 129쪽; 이진우, 「해제: 시대정신으로서의 '냉소주의'」, 페터 슬로터다이크(Peter Sloterdijk), 이진우·박미애 옮김, 『냉소적 이성 비판』(에코리브르, 1983/2005), 10~11쪽.

243 엘프리다 뮐러-카인츠(Elfrida Müller-Kainz)·크리스티네 죄닝(Christine Sönning), 강희진 옮김, 『더 본능적으로 살아라』(타커스, 2003/2012), 151쪽.

244 안상헌, 『내 삶을 만들어준 명언노트』(랜덤하우스중앙, 2005), 22쪽.

245 줄리 노럼(Julie K. Norem), 임소연 옮김, 『걱정 많은 사람들이 잘되는 이유』(한국경제신문, 2001/2015), 8~9, 22쪽.

246 코델리아 파인(Cordelia Fine), 송정은 옮김, 『뇌 마음대로: 나를 멋대로 조종하는 뇌의 심리학』(공존, 2006/2010), 16쪽.

247 줄리 노럼(Julie K. Norem), 임소연 옮김, 『걱정 많은 사람들이 잘되는 이유』(한국경제신문, 2001/2015), 11~15쪽.

248 이동진 편역, 『세계의 명언 1』(해누리, 2007), 941쪽.

249 임귀열, 「임귀열 영어」, 『한국일보』, 2010년 1월 27일.

250 Ambrose Bierce, 『The Devil's Dictionary』(New York: Bloomsbury, 2008), p.103.

251 줄리 노럼(Julie K. Norem), 임소연 옮김, 『걱정 많은 사람들이 잘되는 이유』(한국경제신문, 2001/2015), 176쪽.

252 버트런드 러셀(Bertrand Russell), 송은경 옮김, 『인간과 그밖의 것들』(오늘의책, 1975/2005), 123~124쪽.

253 강준만, 「왜 어떤 낙관주의는 죽음과 실패를 불러오는가?: 스톡데일 패러독스」, 『감정 독재: 세상을 꿰뚫는 50가지 이론 1』(인물과사상사, 2013), 187~192쪽 참고.

254 토머스 차모로-프레무지크(Tomas Chamorro-Premuzic), 이현정 옮김,

『위험한 자신감: 현실을 왜곡하는 아찔한 습관』(더퀘스트, 2013/2014), 35쪽.

255 줄리 노럼(Julie K. Norem), 임소연 옮김, 『걱정 많은 사람들이 잘되는 이유』(한국경제신문, 2001/2015), 23쪽.

256 엠리스 웨스타콧(Emrys Westacott), 노윤기 옮김, 『단순한 삶의 철학』(책세상, 2016/2017), 140쪽.

257 Barry Glassner, 『The Culture of Fear: Why Americans Are Afraid of the Wrong Things』, 2nd ed.(New York: Basic Books, 2009), p.3; 배리 글래스너(Barry Glassner), 연진희 옮김, 『공포의 문화』(부광, 2000/2005), 35쪽.

258 데이비드 브룩스(David Brooks), 김희정 옮김, 『인간의 품격: 삶은 성공이 아닌 성장의 이야기다』(부키, 2015/2015), 376쪽.

259 나카지마 요시미치(中島義道), 심정명 옮김, 『비사교적 사교성: 의존하지 않지만 고립되지도 않게』(바다출판사, 2013/2016), 47~48쪽.

260 올리버 버크먼(Oliver Burkeman), 김민주·송희령 옮김, 『행복 중독자: 사람들은 왜 돈, 성공, 관계에 목숨을 거는가』(생각연구소, 2011/2012), 172~174쪽.

261 키이스 페라지(Keith Ferrazzi), 박미경 옮김, 『혼자 일하지 마라』(랜덤하우스, 2009/2010), 82~83쪽.

262 마커스 버킹엄(Marcus Buckingham)·도널드 클리프턴(Donald O. Clifton), 박정숙 옮김, 『위대한 나의 발견: 강점 혁명』(청림출판, 2001/2002), 184, 227쪽.

263 리처드 칼슨(Richard Calson), 강미경 옮김, 『우리는 사소한 것에 목숨을 건다』(창작시대, 1997/2000), 262쪽.

264 제러미 리프킨(Jeremy Rifkin), 이원기 옮김, 『유러피언 드림: 아메리칸 드림의 몰락과 세계의 미래』(민음사, 2004/2005), 155쪽.

265 데이비드 몰리(David Morley)·케빈 로빈스(Kevin Robins), 마동훈·남궁협 옮김, 『방송의 세계화와 문화정체성』(한울아카데미, 1995/1999),

243~244쪽.

266 폴 라파르그(Paul Lafargue), 조형준 옮김,『게으를 수 있는 권리』(새물
결, 1883/1997), 43~44쪽; 엠리스 웨스타콧(Emrys Westacott), 노윤기
옮김,『단순한 삶의 철학』(책세상, 2016/2017), 111쪽.

267 버트란드 러셀(Bertrand Russell), 송은경 옮김,『게으름에 대한 찬양』(사
회평론, 1935/1997), 18쪽; 엠리스 웨스타콧(Emrys Westacott), 노윤기
옮김,『단순한 삶의 철학』(책세상, 2016/2017), 111쪽.

268 톰 호지킨슨(Tom Hodgkinson),「노동과 놀이의 만남」, 존 스페이드(Jon
Spayde)·제이 월재스퍼(Jay Walljasper) 편, 원재길 옮김,『틱낫한에서 촘
스키까지: 더 실용적이고 창조적인 삶의 전망』(마음산책, 2001/2004),
542~544쪽.

269 프랑수아 드 라로슈푸코(François de La Rochefoucauld), 강주헌 옮김,
『인간의 본성에 대한 풍자 511: 라로슈푸코의 잠언과 성찰』(나무생각,
2003), 165쪽.

270 데이비드 브룩스(David Brooks), 김소희 옮김,『보보스는 파라다이스에
산다』(리더스북, 2004/2008), 268~270쪽.

271 데이비드 브룩스(David Brooks), 김소희 옮김,『보보스는 파라다이스에
산다』(리더스북, 2004/2008), 129쪽.

272 엘렌 랭어(Ellen J. Langer), 이양원 옮김,『마음챙김: 마음이 삶을 어디까
지 바꿀 수 있는가』(더퀘스트, 2014/2015), 190쪽.

273 존 버드(John W. Budd), 강세희 옮김,『나에게 일이란 무엇인가?: 일을
이해하는 열 가지 열쇳말』(이후, 2011/2016), 51쪽.

274 헤스케드 피어슨(Hesketh Pearson), 김지연 옮김,『버나드 쇼: 지성의 연
대기』(뗀데데로, 20015/2016), 203쪽.

275 페터 비에리(Peter Bieri), 문항심 옮김,『삶의 격: 존엄성을 지키며 살아
가는 방법』(은행나무, 2013/2014), 100~104쪽.

276 존 버드(John W. Budd), 강세희 옮김,『나에게 일이란 무엇인가?: 일을

이해하는 열 가지 열쇳말』(이후, 2011/2016), 195쪽.

277 윤동주 외,『평생 간직하고픈 시』(북카라반, 2015), 142쪽.

278 김영민,『산책과 자본주의』(늘봄, 2007), 162쪽.

279 캐서린 문(Katharine Moon),「한국 민주주의의 열정과 과잉」, 김동춘 외,『불안의 시대 고통의 한복판에서: 당대비평 2005 신년특별호』(생각의나무, 2005), 187~200쪽.

280 스콧 애덤스(Scott Adams), 고유라 옮김,『열정은 쓰레기다: 열심히 노력하는 당신이 항상 실패하는 이유』(더퀘스트, 2014/2015), 26~27쪽.

281 애덤 그랜트(Adam Grant), 홍지수 옮김,『오리지널스: 어떻게 순응하지 않는 사람들이 세상을 움직이는가』(한국경제신문, 2016/2016), 105쪽.

282 한윤형·최태섭·김정근,『열정은 어떻게 노동이 되는가: 한국 사회를 움직이는 새로운 명령』(웅진지식하우스, 2011), 48쪽.

283 알랭 드 보통(Alain de Botton), 정영목 옮김,『불안』(은행나무, 2004/2011), 337쪽.

284 헨리 데이비드 소로(Henry David Thoreau), 강승영 옮김,『월든』(이레, 1854/1993), 371쪽.

285 스티븐 코비(Stephen R. Covey), 김경섭·김원석 옮김,『성공하는 사람들의 7가지 습관』(김영사, 1989/1994), 412쪽.

286 엘프리다 뮐러-카인츠(Elfrida Müller-Kainz)·크리스티네 죄닝(Christine Sönning), 강희진 옮김,『더 본능적으로 살아라』(타커스, 2003/2012), 22쪽.

287 아리아나 허핑턴(Ariana Huffington), 강주헌 옮김,『제3의 성공』(김영사, 2014/2014), 235~236쪽.

288 벨 훅스(Bell Hooks), 이영기 옮김,『올 어바웃 러브』(책읽는수요일, 2000/2012), 231쪽.

289 이대근,「조현민의 자유와 속수무책 민주주의」,『경향신문』, 2019년 6월 19일, 30면.

당신의 영혼에게 물어라

ⓒ 강준만, 2020

초판 1쇄 2020년 2월 21일 펴냄
초판 2쇄 2021년 5월 18일 펴냄

지은이 ㅣ 강준만
펴낸이 ㅣ 강준우
기획·편집 ㅣ 박상문, 고여림
디자인 ㅣ 최진영
마케팅 ㅣ 이태준
관리 ㅣ 최수향
인쇄·제본 ㅣ ㈜삼신문화

펴낸곳 ㅣ 인물과사상사
출판등록 ㅣ 제17-204호 1998년 3월 11일

주소 ㅣ (04037) 서울시 마포구 양화로7길 6-16 서교제일빌딩 3층
전화 ㅣ 02-325-6364
팩스 ㅣ 02-474-1413

www.inmul.co.kr ㅣ insa@inmul.co.kr

ISBN 978-89-5906-560-8 03300

값 14,000원

이 도서의 국립중앙도서관 출판예정도서목록(CIP)은 서지정보유통지원시스템 홈페이지(http://seoji.nl.go.kr)와 국가자료공동목록시스템(http://www.nl.go.kr/kolisnet)에서 이용하실 수 있습니다. (CIP제어번호: CIP2020005625)